系列图书编委会

顾　　问　韩　强
策　　划　宋雨潼
总 主 编　杜晓红
副 主 编　刘兴宇　张　伟　邱　蔚　王　贞
执 行 主 编　高国庆
执行副主编　宋孔文　马　锐
本书采写者　马　锐　熊根辉　马潇洋　杨广夏　李晓建（排名不分先后）

中国播音主持史研究基地文库——新媒体研究系列（第一辑）

主编｜高国庆

中国广播影视出版社

执行主编的话
PREFACE

我曾是一名广播电台的新闻播音员,转到高校从事教学和科研工作仅有四年,但这四年正是以互联技术为核心推动力促进新媒体高速发展的四年,面多媒体领域的风云变化,我也时常处于困惑、彷徨和各种不安的状态,用传统的视野去看待当下的媒体世界,已经无法安顿自己的内心。

与我有二十多年交情的一位挚友,辞去了国家最高新闻管理机构公务员的职位,从一个政府的管理者转身投入到新媒体平台重新出发,这需要勇气、底气和朝气,这是促使我开始将目光郑重地落在新媒体平台上的原动力。

此时,曾经电台的同事宋孔文先生,借助视频广播的活力、播音硕士的学力和对新媒体向往的张力,开始在快手平台上发力,这是促使我认真研析以快手为主的新媒体平台的又一动力。

播音主持实践是孕育播音学的温床,播音学不仅产生于播音主持实践,而且指导、应用于播音主持实践。新媒体平台主播正是实践中的前行者,探寻他们的成长之道,探问他们的生存之道,探究他们的未来之道,从中总结出带有规律性的经验,去丰富、提升播音学理论,这是促使我组织采写快手主播之道的学术动力。

本次采写任务是由浙江传媒学院播音主持艺术学院 2019 级播音与主持业务方向的硕士研究生马锐、熊根辉、马潇洋、杨广夏和 2020 级口语传播方向的李晓建 5 位同学担纲，他们对新媒体主播的敏锐感知和认真采写的态度，是此书完美呈现的根本和核心。他们中的 4 位即将毕业，开始新的生活，希望他们能继续关注新媒体主播的发展动态，也祝他们一切顺意。

感谢快手官方的大力支持，感谢各位新媒体主播的全力配合，感谢浙江传媒学院播音主持艺术学院领导的关心。

《快手主播之道》一书，是一个尝试，缺点和不足肯定存在，希望各位本着"不以一眚掩大德"的态度给予批评与指正，我们将在之后的研析中修正与提高。

高国庆

2021 年 4 月 21 日

序言
PREFACE

2012年，短视频应用开始萌芽，经过2016年、2017年的快速发展，如今已经进入各大平台争夺红利的关键阶段，网络用户的阅读习惯也越发趋向于"短、平、快"。根据《2020中国网络视听发展研究报告》可知，截至2020年6月，我国短视频用户规模已达8.18亿，短视频已成为了仅次于即时通信的第二大网络应用。另外，随着直播电商热度的持续攀升，"网络主播"的概念也越发宽泛。如今再提起网络主播，已不再局限于通过互联网平台展示才艺、表达自我的人群，而是逐渐被贴上了带货主播、短视频博主、自媒体从业者、网络红人等标签。不同领域都有各自的深耕者，他们通过短视频平台各显神通，利用9:16的竖屏向屏幕另一端的用户推销自我、销售产品。他们的社会角色各不相同，但在短视频社区，他们都是拥有或多或少影响力的"意见领袖"。他们的生存现状如何？关于维系与粉丝之间的关系，他们又有何不同技巧？短视频创作者的最终归宿，一定是直播带货吗？开始直播后，他们的生活又发生了哪些翻天覆地的变化？种种问题令人好奇，也值得深思。本书围绕10名快手平台的短视频创作者，采用一对一深度访谈的模式，将他们的生存与发展之"道"娓娓道来，试图对快手主播的未来提出思考。10名主播，有来自传统媒体的工作者，他们率先搭乘短视频快车实现转型，从大屏到小屏、从广播到视频、从做节目到直播带货，他们以自我为"试验品"，摸索媒体人在新媒体平台的生存之路；此外还有职业音乐人，在短视频平台的他们迅速涨粉，实现"翻红"，创作的歌曲成为广大网友拍摄视频的专属背景音乐，他们用全新的歌曲重塑自我形象；还有一类草根主播，快手为他们搭建场景，他们在这里遇到更丰富真实的自己，也在这里重新定义人生。这些人不断书写"奇迹"，也为我们提供了挖掘奇迹背后故事的契机，而托起这些故事的舞台，就是快手。

快手最开始是一个 GIF 图的手机应用。2011 年，智能手机刚刚普及，移动互联网时代悄然来临，同时斗图文化盛行，用表情包表达情绪成为一种流行，此时的快手便抓住了这一需求，为网民提供了自制表情包的机会。2013 年 7 月，"GIF 快手"从手机应用转型为短视频社区，正式更名为"快手"。此后越来越多的网民开始在这里记录日常，分享生活的喜怒哀愁。通过下沉用户和短视频内容，这里的类别越来越精细，社会的多元面逐渐铺陈开来；针对连接端，快手还优化了分发模式，用算法驱动高效分发，让普通用户的作品有机会被更多人看到，让每个人都有了成为网络红人的机会。2021 年 2 月 5 日，快手正式在港交所上市，未来它还会打造多少红人并创造多少"爆款"短视频，或许我们能从 10 名不同领域的主播背后获得"样本化"的答案（注：所有主播的粉丝数仍在变化，文中数据仅限参考）。

目 录
CATALOG

第一单元 职业媒体人的"突围之路"   1
  孔文   4
  海燕   26
第二单元 70后草根网红们的"进阶史"   54
  蒋金春   58
  彼得洛夫董德升   88
  于新伟   114
  小英夫妻   143
第三单元 90后草根网红们的"转型记"   170
  山村小杰   172
  云南小花   202
第四单元 职业音乐人的"跨屏传播"   230
  祁隆   232
  陈逗逗   253
  结语   276
  附录   277

第一单元
职业媒体人的"突围之路"

2014年8月,媒介融合在我国正式被提升到国家战略层面,这也让所有的媒体从业者开始思考下一步的发展目标。新媒体迸发出的强大发展力让广播、电视等传统媒体开始步入衰退时期,从近几年报纸销量减少、电视收视率下跌的走势不难看出这一点。与此同时,媒介融合已成为不可逆的大趋势,传统媒体的转型势在必行。在融媒体的大背景下,传统媒体的主持人开始面临全新的挑战。

从2016年年末开始,泛媒体多平台化、付费化、直播化和全场景化成行业发展的新亮点,网络短视频内容的发展趋势使平台和版权方主导下的资源整合水平及内容开发能力不断提升。基于这样的背景,越来越多的职业媒体人开始在新媒体平台兼任主播,其中入驻短视频平台的主持人和记者更是数不胜数。从职业角度来看,主持人与记者在媒体改革的大潮流下,身份也越发多重化。面对"接地气"的个性化新媒体主持人,传统媒体从业者同受众之间的距离感逐渐成为其职业发展的一个壁垒。要打破这种身份认知的困境,专业水平和综合能力的提升渐渐成为职业媒体人自身成长的方向。

如果要详细探索职业媒体人在短视频平台的生存策略,就需要准确把握具体的平台发展传播规律。综观快手应用的功能，用户除了可以随时随地观看自己喜欢和需要的视频内容外，还能在主播的"快手小店"或视频直播中满足自身的消费需求，多元化的内容极大地提高了短视频平台的实用性。此外，粉丝与主播的"跨屏互动"也越发普遍，许多网络主播会选择在直播过程中与自己的粉丝进行"连麦"互动，而用户也可以在视频下方进行留言点赞，很多主播还会随机"翻牌"与粉丝进行互动，加强彼此之间的交流。正是基于这样一种"立体式"的互动，许多主播能凭借网络平台在较短的时间内吸引粉丝，增强自己的影响力，从而顺利打造个人 IP。在这方面，电台主播孔文和电视新闻记者海燕通过多年摸索，逐渐确立了各自的内容领域和个人风格。

孔文最初担任电台主播时，也做过一些情感类的节目。起初在快手平台，他发现情感类内容人气很高，于是便发挥自身优势，将日常话筒前的工作状态带入到视频当中。可在尝到短暂的甜头后，他很快就走入了瓶颈期。通过快手平台运营人员的帮助，他开始反思自己最擅长的领域。出身中国传媒大学，在央视有过新闻方面的从业经历，他开始挖掘自己播新闻、说新闻的优势。恰逢快手开设了新闻热点的垂类，他又一次找准了自己的风格定位，开始了稳定的"涨粉之路"。另一位传统媒体出身的记者海燕，同样将自己的职业优势导入至快手，并成为快手第一个拥有百万粉丝的记者账号。在内蒙古广播电视台新闻综合频道有一个收视率特别高的金牌节目——《新闻天天看》，开播十四年以来，海燕一直是栏目的出镜记者。在她看来，记者这个职业比主持人更有魅力，因为它更接地气，能接触到一手的、新鲜的、热乎乎的现场新闻。当内蒙古广播电视台成立腾格里 MCN 机构，专门搭建连接短视频运营等内容的桥梁后，她也开始继续在小屏幕上展现专属于记者的职业魅力。

孔文和海燕代表的是一众职业媒体人拥抱短视频平台的决心，他们的"快手之道"除了精彩，更多的是对职业身份认同感的全新追求。

快手主播之道

孔文
★★★★★

快手账号： 孔文雅俗共赏
粉丝量： 636.1万
标签： 主持人、制片人
采访记者： 马潇洋

记者手记

　　北京人民广播电台主持人、中国传媒大学硕士、资深媒体人、高校客座讲师，这个拥有诸多头衔与身份的85后Man帅大男孩——孔文，是这次对话的主人公。入驻快手很短的时间，他经营的"孔文雅俗共赏"这一账号就已经获得630万+的粉丝，孔文也成为快手平台中"新闻"类内容的头部主播。在一个多小时的访谈中，"敢想敢做"是他给我留下的最深印象。

记者：您的快手账号名字叫"孔文雅俗共赏"，是怎么想到起这样一个名字呢？

孔文："雅俗共赏"，其实最早接触到这个概念是我考研究生的那个阶段，我们有一个概念叫"阳春白雪"和"下里巴人"，就是我们讨论的文艺理论当中的一些艺术形式、艺术作品，它是高雅还是低俗，包括受众之间的一些问题。

首先我自己对这个"阳春白雪"或者是"下里巴人"没有特别的偏好，我也不认为类似歌剧或者昆曲等形式的艺术表现就一定是高雅的，东北二人转、相声等其他的一些起源于街头的民间艺术形式，它就是低俗的。我觉得万物都有它存在的道理，能够真正做到被老百姓喜欢和接受就是可以的。那我们作为有一定学历，又有一定专业背景的职业媒体人也好，或者说从过去的积淀中转型来做主播也好，我希望把我喜欢的一些所谓的高雅形式，比如说我们传统文化中的一些精髓应用到我们的日常生活当中，在网络上以适合的形式去传播给大家。

在网络上呢，其实很大一部分网友都是为了寻开心、去消遣，那作为主播你就不能太严肃，所以说有的时候就是鉴于网络的形式，比如说在快手平台的主播PK也好，和网友、老铁们去聊天也好，只要你有底线，那你在形式上比如说个什么小段子、玩个谐音梗啊，甚至说哪怕俗一点，我觉得能够在正向传递内容的基础上做到逗大家开心是不为过的，这也是当今时代主播们需要做到的。像我自己就很喜欢郭德纲、于谦等相声演员，他们也一直强调相声就是一门雅俗共赏的艺术。他们在台上，

比方说郭德纲老师，一个民间艺人出身，他有这样一句话我记忆很深刻，"台下看我演出的有各种各样的人士，可能有专家、教授，各行业各个方面的精英，你们为什么来花钱听我说话？我文化没有你们高，那么我就是逗大家一笑，我能做到的就是雅俗共赏，咱们把大白话说明白就可以了"。我自己非常认同这个观点，"雅俗共赏"

是我非常喜欢的一种形式，也是我个人的一种生活态度。

我觉得一个人啊，在生活当中你不要端着，你也不要过于不修边幅，我觉得做到自然舒服就好，活得不卑不亢。雅俗共赏也是我追求的一种生活状态，我想把这种状态带到我的直播和短视频内容中，向更多的人传递这样一种生活方式和生活理念。

记者：您最早接触快手这个平台是在什么时候？什么时候产生了新媒体转型的想法？

孔文：最早接触应该是在2016年、2017年的时候，但是那个时候就是单纯作为受众去看，没有去玩、去做内容。那个时候包括像 YY、斗鱼、映客、熊猫、花椒等这样的直播平台层出不穷，是新媒体百花齐放的一个时期。后来呢，看的比较多之后，我就开始去比较、去对比这些平台，就注意到了快手这个平台。因为我自己也算是做内容出身的吧，对内容有一种敏感性，我当时想这平台挺有意思，我觉得起码挺真实的，包括快手平台宣传的一些理念——记录生活、展示生活，我很喜欢它的真实。真实的东西它是有生命力的。

应该是 2019 年年底的时候吧，快手的 PR 部门，也就是媒体部门建立起来，他们把全国范围之内的，不管是中央也好，还是省、市、县这几级的媒体主持人、记者啊，都吸纳到这个平台里面来，希望能扩充自己的内容，更好地宣传平台的主流价值观，为受众提供更丰富的内容形态。我也是那个时候，应该是 2019 年年底来到快手平台的。刚入驻快手做内容的时候，平台也会给我们这些新来的主播一定的扶持，比如说在短视频的流量上会给你一些帮助，但是这个帮助也是建立在你的短视频内容一定是要过关的，毕竟现在内容推送也是基于算法的嘛。可能和一些有团队包装打造的主播不同，我从最开始一直到现在都是自己做账号、做内容，大家都说我一个人撑起了一个团队。

记者：有关注到您做的"孔文雅俗共赏"这个账号的内容最开始是关于情感方面的，那后来又是什么原因转到新闻这个方向呢？

孔文：这也是经历了一个很漫长的探索过程。一开始选择情感呢，是因为我在传统主持人职业的过程中，也做过一些情感类的节目，而且我发现在快手平台上这种情感类的节目很受快手老铁们的欢迎啊，人气很高。那我就想既然人家普通的素人主播都可以去做情感，为什么我们最早的这批电台情感类主持人不可以呢？电台主持人做这类节目很久了，起源也是最早的，比方说晚间的《情感夜话》等。而且从我个人的性格出发，社会上出现的不管是什么样的东西我都能听得下去，哪怕是真的和我的生活八竿子打不着的东西，哪怕是农村里的婆媳关系都没问题，存在即合理啊，我都可以听，我觉得它是真实的、有生命力的，所以最初我就去做了情感方面的内容。在做短视频的过程当中呢，我认为自己是有优势的，这个通过数据也得到验证了。刚开始做我就涨了一部分粉丝，在粉丝涨到四五万的时候我也开直播，直播中呢关注我的这些粉丝也很认可我，包括我的段子、我的解答和调节啊，大家也很认可。

但做了一段时间后，我就发现了问题，就是情感垂类内容初步涨粉很快，但是中期就逐渐陷入了瓶颈，在瓶颈期我就想怎么实现突破。在那个过程中，首先，我基本每天都要至少花四五个小时的时间刷快手，熟悉快手的算法、逻辑，然后就研究人家上热门的视频是怎么做的，接着在网上学习。从拍摄到剪辑，我对短视频的理解逐渐加深，我自己逐渐明晰了什么样的视频适合快手老铁们播放收看，我自己积累了很多的心得。那时我还录了好多好多视频，现在处于隐藏状态的就有两百多条，搞笑的、情感的、横屏的、竖屏的、加音乐加背景的、纯自己说的……我尝试了各种各样的形式，所以在那段时间虽说粉丝没有涨多少，但对我来说是一个很好的积淀。其次，我也去找更专业的朋友和专门做快手相关业务的专业公司，我花找他们做咨询，去请教专业公司的业内人士，然后他们和我分析，说你这个情况应该怎么样怎么样，还有就是快手平台运营的小伙伴们也给我提供了一些指导，给了我很多的帮助，我们也是一起慢慢地摸索往前做。在这个学习的过程当中，我是很认真的，我就一直拿着我的小本子做笔记。再次，就是通过平台，因为快手它本质上来讲也是一个社交平台，就是大家可以互相关注账号、后台私信，甚至你可以主动去和人家打招呼、加微信都是可以联系到的。然后呢，我就去找到了一些在平台上做得很好的素人主播，又去请教他们，比方说有一个生活在吉林延边的宠物类主播，他的粉丝只有20多万，但是他和我说就是这20多万粉丝，能帮他一年变现好几百万。我就特别纳闷儿，我说你这20多万粉丝是怎么变现的呢？他人也特别好，就告诉我是怎么去做的，然后他还帮助我分析我的账号现在存在的问题。我认真的拿小本本去记，从中得到了许多有用的建议。最后我就综合分析，最终得出了一句话——要发挥自己的长处，好像那个木桶原理似的，就是如果你拿自己的短板去补的话你永远都是在缝缝补补，可能你补也补不过来，那不如就挑自己最擅长的，发挥自己的长处。

这样，我就有了新思路，我想我的长板是什么，我会干啥呀？

我想到我自己是传媒大学出来的,原来也在央视待过,我好像最会播新闻、说新闻,给大家说个事我能说明白。我说这个我在行,而且当时又恰好赶上这么一个时机,快手开了新闻热点这个垂类,可以说我也是同步和快手的生态一起发展的。当时我身边的朋友也说孔文你可以试试,你就尝试朝着这个方向去定位。我说行啊,然后我就试了几条,播放量、点赞量、评论量这些数据明显就比我之前纯做情感段子的视频要好得多。而且那个时候还有一个契机,就是正好遇上疫情,疫情那段时间我也出不了门,然后单位呢,也没有太多的事情,我就正好可以在家录视频、做直播。录视频其实对我来说难度不大,因为它不像传统的播报要求主持人不能错,录制视频可以剪辑,还是很轻松的,而之前我的本职工作也都在做和疫情相关的节目,所以说这些和疫情相关的情况我很熟悉,也很了解。针对疫情的一些情况,我知道大家关心的点在于哪儿,所以做疫情相关的视频内容,我的数据一下子就起来了。我记得在刚刚起步的时候我还曾经创下过一个小时涨粉10万、一天涨粉40万的纪录,我自己也觉得算是功夫不负有心人吧。

记者: 您觉得"孔文雅俗共赏"这一账号的特色在哪儿?

孔文:哈哈,我的特色呀,我觉得我的视频都是我的特色。比方说每一个视频我都追求简单、高效。视频一开始,我就开门见山,直接给大家讲干货。里面的内容呢,我也非常注意我说话的逻辑,因为新媒体时代短视频时间很短,千万不能说废话，要提炼干货，那这就与我们传统主持人的很多习惯不一样。比如说开场，传统主持人都习惯性地说"大家好，我是谁谁谁，欢迎收看今天的节目"，那在新媒体平台我觉得这些就统统要去除，我们不能让这些类似于口水话的问好去占据你两三秒钟的时间，这些话是没有效的。我的逻辑就是从新媒体时代短视频简洁、高效的特点出发，用最短的时间直接简单的呈现丰富的内容。打个比方说一个视频时长在1分30秒，那在呈现过程中呢就是用我讲的，用新闻故事里原本的情节把大家吸引、抓住，然后提取对大家有用的、有帮助的内容，对内容进行整合筛选。比方说昨天我发的最近很火的、大家都在玩的"蚂蚁牙黑"那个搞笑视频制作事件，我就首先从大家关注的社会热点中搜索素材，然后从受众在意和关心的点出发，针对视频制作中可能存在的安全漏洞，给大家有一些提示、一些帮助，传递更多有用的东西，大家就很喜欢听我讲事儿。

你要非常了解你的受众，知道你的受众的需求与偏好是什么。那么我的受众呢，大部分来自三四线、五六线、七八线，甚至农村的人群都很多，比方说你要把一条新闻、一件事儿，要让农村里没有文化的七八十岁的老大妈、老大爷听懂，你应该怎么去表达，说什么话，是应该以非常严肃的新闻话语呈现吗？我觉得不一定，你就把你要说的这个事，掏心掏肺地用他们能够听明白的语言讲出来、讲明白就可以了。新媒体时代做新闻我们不要以高深的形式装专业，而要用内容做到真专业。

对了，还有一点不知道你有没有关注到，我的每一条视频

还有一个固定的小手势，我也是希望大家一看到这个手势就能想到我。那我每次都这样提示一下大家给我点关注，也能提升一下我的点击率、关注量。还有一些持续性发生的社会事件、大家关注的社会案件，如果一天没有办法讲完，得出结果，那么就要告诉大家我会持续关注，也引导大家和我一起关注事件，增加我视频的留存率。哈哈，说到这儿，我回头得给我这个手势申请个孔文专属IP。

记者：对于素材选取、录制、发送等这一系列的短视频制作过程，您有什么自己的心得和特别要注意的吗？

孔文：其实素材选取上，这和我们专业的传统媒体还是一样的，无外乎是那些新闻的公众号、门户网站、一些客户端什么的。之前主持人的工作性质和媒体环境也让我养成了这种习惯，就是每天刷手机，首先就会关注新闻啊、社会大事小情这些东西，那么看了之后呢，我就会把它记下来。然后在短视频录制中，把这些事情作为素材。就比如说我在去年（2020年）年底和今年年初这一段时间的直播就主要围绕疫情这个话题。因为那段时间正好是国内疫情严重的一个阶段，像河北、吉林、黑龙江啊很多的省份都是很受影响，那大家出行上可能就非常担心去到哪里需不需要隔离、用不用核酸检测这个问题，尤其是到了快过年的时候，大家非常想知道自己回家会不会受到疫情的影响，所以说疫情就是年前最大的一个热点话题，那个阶段我的直播又涨了一波粉丝，我记得应该是元旦粉丝破了500

万，春节的时候应该破了600万，而且那个时候我的短视频也频频地在热门出现，当时在热门也成功的给我往直播间导流了很多很多受众。

录制剪辑这一块儿我自己也逐渐找到了属于自己的一个风格。录制我就比较简单，找一个背景直接把我今天要说的事情说清楚就好了，我觉得比起这些形式还是内容比较重要。在剪辑上，有的主持人在视频里面可能会加一些图片、加一些音乐、加一些动态的现场视频之类的，我还是坚持我自己的简洁高效原则，不浪费自己和观众的时间，我基本就是最本真的、最原始的视频内容，基本什么也不加，我觉得能把这个事儿给大家说明白了就可以了，这些对于我来讲最高效、最适合。还是拿疫情期间举例，我做每一个视频都会按照我的逻辑，比方地域上我先给大家讲河北，再给大家讲吉林，我会按照我的顺序去讲。那在直播中，也不断有受众提问："哎，我们这儿怎么样？""我们这儿有没有新增？""我能去哪儿吗？"我也会把这些问题一一整理，按顺序为受众统一解答。

在短视频和直播的推送上，我也结合了我的受众的需求，分析了一下平台流量这一块儿。就比如说在疫情期间我主要的直播时间放在了早上，这主要是基于两方面的一个综合权衡。一方面，基于平台的考虑，快手平台在早晨是主播直播时间段的低峰期，也就是说在早晨这个时段呢，我不用和平台超大主播们跟抢流量，而且这个时段相对来说也没有什么太具有吸引力的内容。那另一方面，我是考虑到了新闻时效性的因素，你

像我们在传统电视媒体上，本来就有一种早报的节目形式，像《马斌读报》《孟非读报》啊，等等。大家其实也是有这样一种早上收看、收听新闻的习惯的，尤其是稍稍上了年纪的一些人，他们更是有早晨打开收音机、打开电视听一听看一看早新闻的习惯的，那反观新媒体出现后的现在，打开电视的人也越来少了，这种节目越来越少了，大家都转向了手机、转向了网络，但这并不是说大家就没有对早新闻的需求了，所以我基于这样的考虑，在12月份开始基本每天为大家带来晨间的新闻直播。那个特殊阶段，我们的钟南山院士也在一个会议上明确表示了疫情知识集合传播的重要性，为什么年前发生在河北、东北等地的疫情最初从农村开始，就是大家防疫的意识还比较差，当地的宣传不到位，没人给他们去讲。那从这点来说，我觉得我某种程度上算是做了一件有意义的好事情。我觉得我的段子上了热门，能把相关的信息、知识和所有防疫有关的东西都综合起来，也能为我们的防疫宣传尽我自己的一分力量。在我开始做这件事情之后，我发现我的同行们也渐渐地加入进来，加入到疫情防控的宣传上来，都加入了这个大军。

在晨间的直播过程中，我也培养了一大批忠实粉丝，他们都跟我说每天早晨不管是做饭也好，或者说上班开车也好，哪怕不能实时看我的画面直播，也愿意一直开着，把手机放在一边去听我讲新闻。听他们这样说，我就觉得自己内心收获了很多感动和一些成就感，感觉我对他们也好，他们对我也好，都是一种非常好的陪伴，让我觉得我坚持做的这件事情是真正有

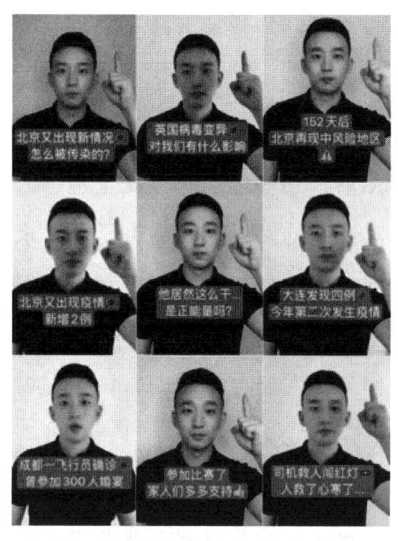

意义的。

现在过了春节,春暖花开了,疫情也在好转,各省市疫情也控制住了,没有增长的消息,大家出行也都顺畅了,所以现在疫情这个热度下来些了,早上关注我直播说疫情的人自然也就下来了,这是很正常的,可以预见的。疫情过后,我也要首先回到自己的工作岗位中,做好本职工作,其次呢,因为我现在也开始有自己的一个固定收看直播的粉丝基础嘛,我就产生了改变直播时间的想法,也转到晚上做直播,尝试一些新的形式、新的内容,毕竟晚上是直播间流量的高峰嘛,也是大家变现、购物的一个高峰,然后我也在想把早晨的这些流量慢慢地转到晚上。

像我最近在晚上的直播"孔文有约"中就开设了一个新的板块,我给他起了个名字,叫"北京爱情故事"。内容上我综合考虑了自己最初的想法和平台的属性以及当下受众对情感的需求,还是从大的情感方面做内容,初步计划的形式就是平台最多出现的情感连麦,类似于那种电台中打电话的形式,同时我也希望做出一些更具有特色、创意的内容,我现在想到的是

看能不能通过一些类似真人调解形式，围绕情感的大的范畴，晚上去做一些内容。那情感这个话题也比较宽泛了，受众范围也比较大，生活中的小磕小碰、惊喜失落都是人生经历，都很真实，我就是去关注老百姓的生活，去和他们聊家长里短，去倾听、去帮助他们解决问题。对情感的倾诉与表达也是一个永恒的话题，而且我直播间的一些老粉丝们，也像我表示过他们希望我能继续情感内容的分享，他们在这方面也确实有着很大的需求，那我就和他们说，你们尽管在后台给我留言，你们有什么问题也可以问我，我可以在直播中为大家解答。

记者：您怎么维系自己和粉丝之间的关系呢？或者说您是如何扩大自己的粉丝基础、平衡各个年龄段的粉丝的呢？

孔文：首先粉丝构成这一块儿，我会关注自己的粉丝数据，每个账号都有自己的数据可以在后台看到。我的粉丝占比是女性60%，男性40%，在地域上基本分布在北方的一些城市，应该是河北省最多，其次应该是北京、山东、东北这些省份，那我粉丝的年龄分布应该是20多岁到50多岁的中青代。

从数据上我觉得我的粉丝群跨度不算小，所以我也会想到底怎么去平衡，怎么在这样一个基础上再去扩大自己的粉丝量。那么今年呢，无论是我的短视频内容还是直播，我也提前和我的粉丝提过了，接下来我会延续地、阶段性地去做一些重点内容。像在去年高考的时候，官方平台组织做了一次特别的活动，当时我是在家北京人大附中门口给人家做直播，直播同学们进考场、出考场的情况，向大家介绍学校秩序安排、家长送考等候的一个过程，然后我也去采访当时在现场的家长、老师、同学们的心情。今年我也想把这个高考特别直播活动延续下去，现在我们也在策划，到时候我会请到北京的高校名师，分享一下大家最关心的问题，像是不是可以给同学们预测一下今年的作文题目之类的。我想像高考这种被各界广泛关注的社会事件，受众群肯定也是非常广泛的，首先是学生和他们的家长、亲属会关注，那还有教育界和相关人士以及对这方面感兴趣的民众等等。所以从内容题材出发，高考这个直播还是很具有吸引力的。那么我也希望通过这些社会性活动，再去扩大一下我的粉丝基础。

记者：做短视频和直播的过程中，有遇到什么让您记忆深刻的事情吗？

孔文：记忆深刻的事情也挺多的，在快手平台做短视频和直播过程中，我收获最多的就是温暖和信任吧。第一是我的粉丝们，就像是他们说的，看我直播已经成习惯了，我对他们是一种陪伴一样，在这里我收获了粉丝的认可，他们会信任我，会听我说话，把时间花在我这儿。像我现在也开始尝试在直播中带货嘛，挑选一些合适的产品给我受众，给他们带去一些优惠的价格，我在给他们介绍产品的时候，他们会因为信任我这个人，然后综合自己的需求去下单。这个会让我收获信任，也会让我自己更有一种对粉丝负责的责任感。第二就是在平台上、直播中我可以认识到各种各样不同的人，比方说在直播过程中

我通过连麦我就认识了来自全国的媒体人、主持人，如山东的主持人，内蒙古的主持人、东北的主持人，通过快手的平台我拓宽了自己的媒体朋友圈。之前我始终在说一句话："不是每一个主持人都能成为朋友，虽然大家都会说、能说，但投不投缘，在新媒体这个真实的平台大家装不出来。"在快手平台的直播中，我也确实收获了几个比较投缘的朋友，因为大家在平台做内容有共同的志向——给受众做好直播，传递正确的价值观。大家在做内容的过程中都是互相帮助的，比如说最简单的，共同带动粉丝量的增长，让越来越多的人主动关注新闻、喜欢新闻，大家各自在平台直播时都会主动推荐让自己的粉丝去关注其他主播，然后我们也会在直播中去连麦，以丰富的新媒体形式，一起聊一聊社会大事小情。在这个过程中我也是收获了友谊、收获了真情。

记者：在新媒体平台，最近"流量"和"人设"这两个词挺火的，您怎么看？

孔文：现在平台中打造"人设"也比较常见，大家也会说谁谁谁"人设"做得好，说想赢得更多流量就要靠鲜明的"人设"。那我自己觉得"人设"其实就是一种不真实的设计，在直播间我们常说，你说了一个谎，你就得用下一个谎言去圆，播的时间长了之后就会露出破绽。我觉得还是要去做真实的自己，按照规则、按照要求，和受众和粉丝真实的交流，哪怕说的俗一点，你想赚钱，那把钱赚在明面儿上就可以了。比如说那种每天打PK的那些主播，直播也没有什么具体内容，就是用夸张的语言和行为做效果、博眼球，比如输了做惩罚，什么画脸、在地上打滚的，再或者你在直播里唱首歌，朗诵个诗歌啥的那更没问题，偶尔调节一下，也能带动直播间的人数增长，从而获得流量，对吧？况且我也没什么偶像包袱，也没什么放不开的，但是这毕竟不能是我们的常态啊，你还是要知道自己追求的是什么，在守住法律道德底线的基础上，守住本心也很重要。

记者："孔文雅俗共赏"现在已经成为快手新闻类

垂直账号的头部账号，您对账号经营上有什么明确定位和要实现的目标吗？

孔文：在快手平台做"孔文雅俗共赏"这个账号呢，首先我给自己的定位就是内容创作者，那么内容创作者呢，就是把一些最新消息传递给大家。我一直说我在做的这件事与其叫"说新闻"，不如叫它"说老百姓身边的事儿"。我一直觉得老百姓会觉得新闻这两个字还是有距离感，我对外称我自己就是个说事儿的，我说什么事儿呢？首先就是咱们老百姓身边的事儿，偶尔也说说国家大事。拿疫情这件事儿举例，我每天把各地区的增长情况、隔离情况等消息带给大家，把疫情的知识传递给大家。比方说今年过年前，我在直播中和大家说，咱们要响应国家号召，今年咱们就地过年，我的粉丝在中高风险区工作的很多人也确实选择了就地过年，对于低风险区要回家过年的朋友，我也和他们强调，即便是咱们回家过年，为了以防万一，在飞机上、火车上，哪怕咱们饿一会儿、渴一会儿，也别摘下口罩吃饭、喝水，你到家再吃，到家再喝，这样不仅保护了自己，也保护了身边的人。那个时候我向他们传递了很多防控疫情相关的知识，我的粉丝也一直支持我，不仅自己看，还推荐给身边的家人朋友看，自己收获的知识也会第一时间分享给身边的人，我觉得从那段时间的直播中，我真正发现了自己的价值，就是让大家第一时间去了解、关注，从自身做起，加入到抗击疫情的保卫战中。

要说我自己的目标呢，短期还是希望能有更多的人关注到我吧，虽然现在主持人的垂类里边我的粉丝数算是比较多的，但是如果放眼全平台来讲的话，真还不算多，那么我肯定是希望能在自己的努力下收获更多喜欢我的人，关注我的人也能越来越多。现当下我主要想去做的就是提升自己的粉丝量，把直播间的人气先重新做回到疫情那段时间吧。现在也有这种情况，比方说有的主播有几百万的粉丝量，但是直播间可能就几千人，有的主播粉丝总共二三十万人，但是直播间有时也能有一两万人的数据。我现在直播间的人数也不是太稳定，我这一段时间也在分析，可能也需要深度地去挖掘，然后再同步地去提升内容，做好内容与形式创新，把直播间的人气做上来。长远来说，能通过我还有我们这一垂类里主播们的共同努力，带给大家更丰富、更全面的内容，让更多人关注到我们社会生活中的大事小情，帮助大家答疑解惑，带给大家更多有价值、有营养的东西，像我们的社会传递更多的正能量，这是我和我的同行们一个共同的长远目标。

记者：您刚刚谈到的直播带货现在已经成了主播们转型的一个趋势，您怎么看待主播带货？

孔文：现在一个很现实的东西就是我们做快手平台、做主播，肯定是要变现的，变现不丢人，合理合法的赚钱是这个世界上最让人尊重的一件事情。之前也经常会有人说"你们主持人做主播太容易了，上去之后发挥本行优势，动动嘴皮子，说说话就行了"，其实完全不是这样的。做短视频、做直播都有自己的新媒体逻辑的,而且最重要的是你要想变现,就要拓宽自己的领域,有电商思维,你要懂得相关的知识,你要懂产品,还要懂选品。做直播的工作环节很多很多,和传统媒体主持人差别还是很大的,那么我凭借我自己的原创内容涨了粉丝之后就可以相应的转化为流量,从而实现商业变现。但是,在这也要把握好自己的出发点和落脚点,大家从直播中购买你介绍的产品,首先是出于对你的信任,当然也有的是因为产品便宜,但是便宜也不能质量都不过关吧。比方说这9块9买一对蓝牙耳机,回去之后连响都不响,那确实过了。所以不是什么钱都可以挣,从选品开始你就要自己盯着,帮大家把好产品质量关,相关的售后服务也要给大家谈好、做好。

我现在也有在尝试带货,我自己就很看重前期选品这一块儿,首先现在选品肯定离不开大数据,你肯定得看你后台的数据,我看到我的后台粉丝数据是女性多一点,三四线生活的人多一些。然后我就根据这些数据分析他们的生活,他们的生活可能更需要什么。同时你也可以在直播的时候去问粉丝的需求,他们告诉你之后,你就可以做一些统计,比如品类、价格之类的,如果说质量过关的、价格合适的,你就可以给他们去带。你可以先了解到受众需求之后,再和相关品牌方去谈。而且现在其实快手的后台呢也有自己的供应链,就是你需要什么产品,基本上方方面面平台都可以给你提供到。当你有了流量之后呢,各种各样的品牌方也会来找你,你可以去筛选,如果说你想要的东西没有的话,你也可以去主动去联系品牌方。

总而言之，带货的确也成为主播们转型的一个新趋势，但在这个过程中你首先不能违背自己的良心，你要把控好质量、把控好价格，也要倡导大家理性、因需消费。

记者：您是怎么看待主持人从传统媒体到新媒体的转型？有对传媒类的从业者或者在校学生的建议吗？

孔文：我觉得主持人首先是新闻传播学、艺术学相关交叉学科培养出来的一种职业。传播就离不开媒介，媒介现在一直在变化，所以我们就要适应这种变化。其一，我最不认同的一种说法就是所谓的学生群体也好，甚至说在职的主持人也好，用规格高低去评判某一种媒介、某一种形式，这个是我很不赞成的。你好比村里老张他们家猪死了却不知道是什么原因这件事他 low 吗？我不觉得。这就是老百姓身边真实的事情啊！像老张他们家猪死了、邻里之间谁跟谁有摩擦闹别扭了……这一件件事情都是实实在在存在的，是一个个鲜活的反映社会生活的问题啊！难得只有报道今天谁谁谁获奖了、走红毯了，某电影票房又破了多少亿就规格高吗？而且现在对新闻媒体人是有要求的，要"不断增强脚力、眼力、脑力、笔力""努力成为全媒型、专家型人才"，这不就是说我们应该走进人民群众的生活，去俯下身子，我们应该脚上沾上尘土、沾上泥土吗？那如果你都不知道老百姓的真实生活是什么样子的，你还怎么做新闻、做民生，这说不过去。其二，在快手平台中的一些所谓的网红主播，现在很多人一谈到网红两个字就带着偏见和敌意，觉得这个行业中的人就是低俗、他们传递的东西就很没有营养，但是现实是怎样的？网红中尤其是一些做到头部的主播，他们的经营思维、商业逻辑、专业能力都比我们强太多，他们比我们想象的高明许多。我们也说行行出状元，而且像我之前说的存在即合理，网红这个行业从产生到现在，能越做越好，就是把握了时代的机遇，顺应了新媒体文化的变化，这里面一定有我们需要学习的东西。

现在我们的传统媒体也在说媒介融合，大家也都走向了新媒体的平台，所以我建议无论是已经从事媒体行业的同事们，还是即将踏入这个行业的传媒学子们，真的要把格局放得大一点。学习播音主持专业的同学们，大家学习这个专业初衷都是有着一个登上主播台、走向舞台的梦的，而且在校的学习生活实践中大家也少不了享受舞台的光环、鲜花、掌声，但这毕竟不是生活的常态。我也不是打击大家的积极性，仰望星空也要脚踏实地嘛，大家也应该知道现在传统媒体的日子并不是特别好过，说得现实一点，台里面现在主持人也大都处于一个比较饱和的状态，大家毕业后能真正走进台里工作的人也确实是少数，那其余的人到底怎么办？新媒体的崛起其实就是一个很好的机遇，也是一个能让我们实现梦想的很好的舞台，我们需要把格局放得大一点儿。所以说我挺建议同学们不管是快手也好，还是其他熟悉的什么微信视频号、抖音、小红书、一直播等，我觉得都去可以做一做，这也能提升你的实践能力。学播音主持的同学，你只会播音，只会主持，只有形象好、声音好那是不行的，现在新媒体平台准入门槛很低，人人都可以做，你只要申请一个账号就可以了，那你就可以在这儿大胆地去尝试，你的视频播放量怎么样，你收获了什么社会影响，或者说你能拿这账号赚多少钱，那都是体现你能力和价值的一张最好的名片和简历。大家可以找自己最感兴趣、最擅长的内容去做分享，去看看自己学的专业到底够不够用，还需要在哪些方面去提升。我觉得慢慢地，新媒体的内容运营也会成为传媒专业的同学们的一种必备专业能力。我觉得大家真的要放下来一些、脚踏实地一些，那些在舞台上的灯光、光环、你受到的那种鲜花、掌声都是虚的，也真的不是生活的常态，生活的常态就是柴米油盐和每天你要经历的麻烦事儿、喜悦高兴的事儿，这才是生活的真实面貌。

后记

与其说和孔文的一个小时交谈是采访，倒不如说是聊天。和所有能说会道的主持人一样，孔文给人一种自然而然的亲切感，好像你早就认识他一样，整个聊天中孔文的耿直、幽默让人觉得舒服自在。他直爽的表达观点，论证新媒体时代雅俗共赏的重要性；他锐利的分析形势，直指媒体转型的机遇与挑战。在一次次的实践中，孔文走出了一条成功的传统媒体主持人转型之路：顺应媒体发展趋势，发挥长板优势，放大自己的格局。

快手主播之道

海燕

快手账号：记者海燕
粉丝量：270万
标签：主持人
采访记者：杨广夏

记者手记

快手第一个百万粉丝记者账号
2021年度快手融媒学院官方特邀讲师
2021内蒙古广播电视台腾格里超媒MCN本地代言官

如果你混得好的话，怎么会来快手开直播呢？

记者：可以介绍一下您在内蒙古电视台的工作内容吗？

海燕：我们内蒙古广播电视台新闻综合频道有一个收视率特别好的金牌节目，叫作《新闻天天看》，它已经开播十四年了。从它开播到现在，我一直是节目的出镜记者，一直在做这个节目。它在我们当地特别有影响力，是一个收视率非常好的民生新闻节目。

记者：您当初为什么选择了记者这个行业？

海燕：其实我是想当主持人的。我从小就特别喜欢表达，然后当语文课代表、团支书、大队长，反正就是跟说话有关的事情我都喜欢。从小到大，学校的活动、班级的活动都是我在主持，所以我特别向往电视大屏，想当主持人。但是毕业以后发现，电视台选主持人对外貌的要求非常高，再加上其他一些原因，总之就没有当上主持人，当上出镜记者了。后来我慢慢发现，记者这个职业比主持人更有魅力，因为它更接地气，能接触到一手的、新鲜的、热乎乎的现场新闻。

记者：有考虑过继续追逐梦想，当个主持人吗？

海燕：没考虑过。因为对我来说，出镜记者在外面出现场的时候，就相当于一个外景主持人，只不过不是在演播室里播报新闻。主持人大多数都是在演播室里念稿子，把记者写的稿子拿去念。比较来说，外景记者其实比坐在演播室里的主持人更自然、更自由，然后也能接触到特别新鲜的事件。再一个，随着年龄的增长，我想明白了小时候对主持人的向往其实只是能穿漂亮衣服，美美地站在舞台上。虽然记者出现场，大多数情况下是大风吹着、大雨淋着，但它的工作内容比当主持人更有意思，所以我就不想了，就一门心思把记者这个工作做好就可以了。

记者：记者当得好好的，怎么就入驻快手当主播了呢？

海燕：传统媒体现在在改革，要和小屏融合。在这种情况下，我们台里成立了腾格里 MCN 来负责运营短视频这一块儿。当时台里选择了和快手合作，我们记者和主持人要在快手注册账号，通过这种方式就接触到了快手。其实我是那种在工作上特别要求上进的人，我在传统大屏的时候，每年新闻的数量、质量就都很高，属于业务骨干类型的，再加上我是一个非常热爱工作的人，台里说你要转战小屏，我就去开了账号，他们组织培训，我就去上课，并且思考怎么打造自己的账号，怎么把它做起来。

记者：在入驻快手之前，您对短视频、直播这块了解多吗？

海燕：接触比较少。我有时候会刷一下短视频，也会发一点儿平时和孩子生活娱乐的内容，因为我女儿打乒乓球，我会用视频记录一下。那几个短视频也上了热门，但我没有花很多心思去玩，就是一个看客。说实话，我一开始对短视频平台比较排斥。跟你讲一个特别好玩的事情，我们电视台在做4G直播，然后有一天我有一个朋友就打电话要约我吃饭，我当时是在去直播的路上，他就问我你在哪个平台直播，我给你打赏，给你刷礼物。我快笑死了，我那时候心想，我们电视台的直播是多么高大上啊，怎么能和手机视频直播相提并论呢？他还要给我刷礼物，我觉得很搞笑，就没办法接受这个。然后我对网红和主播这个概念，内心其实也特别排斥，觉得他们都是野路子，不能跟我们这种正规军相比。因为我们电视直播是要付出特别多的，有了4G以后还好，在4G以前，走哪儿都需要开转换车，你为了一个三四分钟的直播，需要付出三四天的努力，从前期的脚本到流程，到跟采访对象的对话演练，不能有一点疏忽。

记者：是怎么克服自己心里这种排斥感的？

海燕：我也哭过。其实你怎么说呢，你从大屏转战小屏，会受到很多误解。像刚开始直播的时候，很多人就说你这个记者一看就混得不咋地，如果你混得好的话，怎么会来快手开直播呢？听见这些话你就懵了。因为你做传统媒体，走到哪里都是很受欢迎的。不管是被采访的对象还是受访单位，都是很尊重你的。但是来到这个平台，各式各样的人都有，所以一开始"心里真的很难受"很不适应。但是后来我直播间的粉丝就会对我说，朱广权还直播呢，中央电视台主持人海霞也在快手直播，我们凭什么就不能开直播了。其实说到底，这就是一个适应的过程。

记者：现在我看您每天都会开直播，已经爱上直播了吗？

海燕：当你发现在这个平台，你的收获比在传统电视大屏收获更多的时候，你就会爱上直播。说起开直播这个事儿，我印象特别深刻。当时我的粉丝是2000多，台里面就说，你一定得开直播，因为快手这个平台是以人为本的，很多粉丝他认的是你这个人，不是你这个账号。我就跟负责我们运营的人商量说我2000个粉丝你看能不能开播，他就说太少了，咱们到1万个粉丝的时候再开。我回去左思右想，不行，我得开。开了之后，直播间就20个人，但就算只有20个人，我也得到了80块钱的打赏。跟人聊聊天就有经济收入，我特别兴奋，然后我就坚持了3个月，粉丝破了100万。

其实在传统媒体里我就很喜欢直播，但那样的直播机会很少。我在我们节目里面算是直播比较多的记者，但是次数也有限，因为它有风险，不是所有的新闻都可以直播的。但你做这个小屏就不一样，只要你愿意，随时随地你都能开，而且粉丝给你的反馈非常直接。我们在电视大屏里做了一条好的新闻，谁说你好？台里说你好你就好，你就能拿到奖金，对吧？你就能拿到 A 类，你就能多赚稿费。如果要等到观众说你好，你看到的只是冷冰冰的数据，只是一个收视率的分析，哪天的哪个点你的收视率是多少。就是你没办法知道有多少人喜欢你，他看了这个新闻是什么感受。但在快手直播就完全不一样，你说的好，评论上一片赞扬，你说得不好，立刻有人骂你。你短视频做得好了，几千万的播放量，一晚上涨粉20万；你做得不好了，就是没有流量、没有粉丝。我觉得和观众之间这么直接、这么高效的互动，让我特别迷恋这个平台。

所以我每次直播的时候都非常非常享受。你想一想，你开直播每天有一两千个人陪着你，大家天天在夸你。你做得好了，他们就会刷各种各样的礼物。特别是你一天不开播，大家特别着急，满世界找你。有一回，我有两天没开播，因为手机丢了，心情不好。有一个粉丝就去找我的管理，说如果再不开播，我就把你直播间"炸"了。等我第三天去开播的时候，好多粉丝就说，你再不来我就要退网了。你想一想那种感觉，很真实的粉丝天天在跟你互动、在陪伴你。我人气高的时候，直播间六七万人，平常正常流量也有1万人，我同事就说天天有1万人夸你，听你说话，这感觉多棒。

记者：您的粉丝有200多万，有人帮您打理吗？

海燕：之前我就一个人弄，直播的时候有大粉丝帮我管理直播间。现在台里出资给我组建了一个工作室，其实到目前为止就是一个房间和一套设备，工作室背景有专属 logo。如果当事人到了，可以在这里进行采访和直播。做这个工作室的目的，就是为了更好地让大小屏融合。

<u>媒体必须得融合，这是相互赋能的过程</u>

记者：作为一个传统媒体人，新媒体出现之后，日子是不是越来越不好过？

海燕：首先你最大的冲击就是收视率，收视率是传统媒体的生命和根本。没有人看电视了，大家都在看手机，手机变成了主要的信息来源和渠道。不像以前，重大的新闻事件我只能通过电视、报纸来了解，现在都用手机。收视率受影响，收入就会受影响，因为没有广告了，很多栏目都生存困难。

记者：您是一个成功从大屏跨入小屏的传统媒体人，您怎么理解媒体融合？

海燕：这是天大的一个好事，我们必须得融合。在我看来，媒体融合是一个相互赋能的过程。我们传统媒体解决什么呢？解决公信力的问题，大多数人还是觉得，能在电视上发布出来的消息都是有可信度的，包括很多重大新闻、深度报道，还是要靠电视大屏来完成。那新媒体解决的是什么问题呢？解决的是一个到达率的问题。一个事件发出来以后，两三千万的播放量你直接可以统计，直播的时候有多少人在关注这个事件，你一目了然。我们就希望传统媒体可以在小屏占领阵地，输出更多优质的、有深度的报道和新闻，把两个平台的优势结合在一起。在这种融合的过程中，我们也希望做到大小屏之间相互引流，传统媒体的粉丝可以引入到新媒体，新媒体的粉丝可以去关注传统媒体。

记者：大小屏之间是怎么实现合作和联动的呢？

海燕：你比如说那些寻亲的事件，传统大屏会制作新闻，让大家全面深刻的了解事情始末，小屏会通过短视频的方式告诉大家事情的进展，同时我可以在直播间跟当事人连麦帮他们找人。这种合作和联动就让整个事情变得特别有效率。

记者：从传统新闻记者变成全媒体记者，这两个称呼背后对能力和素养的要求有什么不一样吗？

海燕：核心能力的要求是一样的。做记者的要天天剪辑新闻，日常写稿子，进入小屏说白了就是换个剪辑软件而已，再熟悉熟悉社区规则，就已经踏出第一步了。我可以很负责任地告诉你，我在小屏展示的全是我这十五年来在大屏工作的经验，只不过是换了个平台，只不过是小屏的互动更直接。你的反应能力、你的新闻敏感性、你对整件事情的把控包括点评每一件事情的观点和角度，都是长期以来大屏的积累，都是你在一线做新闻的态度和基本功。所以不管是传统记者也好，全媒体记者也好，需要的核心素养和能力都是差不多的。

当无数萤火虫聚在一起的时候
它的光芒一定可以照亮回家的路

记者：您的寻亲 IP 是怎么打造起来的？

海燕：这里头的故事非常值得讲。2000 年 8 月份的时候，我在朋友圈看到了一个山东双胞胎的故事。姐妹俩都 39 岁，小的时候家里条件太差,吃了上顿没下顿,没办法,父母就把姐妹俩送到了山东两个不同的家庭里面。妹妹柴丽娜先知道了自己有一个双胞胎姐姐,就开始了她的寻亲之路,两个人好不容易相认了。她们俩商量了以后,就想找她们的亲生父母。但她们只知道一个信息,就是出生日期是1982年10月17号,父母在内蒙古包头,其他的信息一点也不知道。我当时一看到这个事儿,她们要在内蒙古包头找人,我就是内蒙古电视台的记者,也有一定的影响力,我就是一个帮忙的心态,录了个姐妹俩寻亲的短视频发了出去,没想到这个视频一下子有了500多万的播放量,上了热门。因为我那个时候已经在每天开直播了,白天拍短视频,晚上直播,然后更没想到的是,双胞胎姐妹通过朋友的转发正巧看见了我的短视频,当天晚上她们就来我直播间跟我连麦了。我们就聊了聊她们姐妹相认的过程,聊她们在寻亲路上的困惑。因为她们两个的养父母都在,如果这个时候你去寻亲,寻找自己的亲生父母,压力特别大。尤其在农村,很多人会说她们不孝顺怎么怎么样的,然后直播间的人都在鼓励、安慰她们,让她们坚持找下去,一定能找到。

我一直把姐妹俩寻亲的短

视频放在置顶。在这个过程中，有很多志愿者给我提供线索。有个知情人说，如果能够说一下她们养父母的具体情况，我们的寻找可能会事半功倍，我当时就决定一定要去趟山东找姐妹俩的养父母。但是妹妹柴丽娜那边就打退堂鼓了，她说不想让我去，也不想接受我的采访。其实那时候我的机票都已经买好了，妹妹各种推脱，最后还是姐姐比较勇敢，接受了我的采访。然后我就说姐妹俩必须在一块儿，但妹妹就一直避而不见。避而不见的原因是什么呢？她后来也跟我说了，她觉得找不到，然后你再把这个事情弄的风风火火沸沸扬扬的，冲着她的风言风语太多，她压力太大了，就不想接受采访。但我还是去了山东，也在当地做了直播，让很多人知道了这个事情。双胞胎姐姐的养父很好，他特别善良，也是因为我这么大老远地跑过去，所以非常配合我，接受了我们的采访。他当时就说，为什么要接受你的采访，是因为很多人在质疑我的女儿，说她要寻亲，不会再去照顾养父母，其实并不是，她对我们非常好。这个细节让我特别感动。

记者：在帮姐妹俩寻亲过程中，面对这么多不理解不配合，您是什么感受？

海燕：这就是一个记者的坚持。这种坚持其实很辛苦，但你这个苦跟谁说呢？谁都不能说，只有你自己知道。就相当于你上赶着为人家服务，连当事人都快要放弃了，你还在坚持。从山东回来以后，我一路上不停地直播。然后很多人继续给我提供线索、提供信息，我也在不停地出短视频。但是很遗憾，一直没有消息，不过我觉得肯定能够找到。后来我的作品就慢慢火了，有些视频的播放量都到了2000多万，那些视频可能一晚上就给你涨了20万粉丝，但我始终把双胞胎姐妹的视频放在置顶，不过一直没什么进展。

在事情有转机之前，中间还发生了一件事，我印象也特别深刻。到了2020年10月底，我记得特别清楚，是10月28日，我们内蒙古鄂尔多斯有一个15岁的小女孩离家出走，叫李静，家属在黄河边上发现了她的衣物，就疑似跳河。我赶紧联系家属，说你看需不需要我的帮忙？家属说你来真的太有用了，我就给他做了一个寻找李静的短视频。然后他们希望我去黄河边直播一下，我说为什么？他们说因为我们就想让更多的人参与到救援的过程当中。现在你看黄河上面的搜索，我们没有专业救援的队伍，李静的爸爸和她姑父两个人开了一个小破船，就在水面上找来找去，你说这样能找到吗？肯定找不到啊！我就10月28日和29日做了短视频，然后晚上连着麦，那时候我的粉丝是70多万，直播间有1万人，已经很多了。在直播的最后我问了李静的爷爷，我说你缺什么？他说缺水上救援的力量，然后我就直播。通过在直播间的呼吁，我们呼和浩特、包头、鄂尔多斯三支专业的民间水上救援队伍到了现场，一米一米地进行打捞，结果不行，没找到。当时有人猜测，说有没有可能顺着下游，到了万家寨，就是山西那边。我们这边的蓝天志愿者就从孩子疑似落水的地点往下，在黄河沿岸进行搜寻，我也去万家寨进行直播，但还是没有找到。

后来我们发现，因为我们全是民间的水上救援队伍，一直找不到的原因是因为我们的救援设备特别落后。我直播间的粉丝自己提出来，说咱们捐款吧，直播间1万人，一人只要1块钱或者一人捐10块钱，就10万了。我说这个挺好，但是后来有人提醒我说，你这行为是否合规合法，是不是得建立一个合法的机构才行？但如果你要走这个流程的话，就需要半个月。我说这可怎么办，因为10月份黄河马上要上冻了，如果上了冻，就不能再展开救援。幸运的是我直播间有两个企业家，一个是内蒙古包头的，ID是"全球光辉"，另一个是宁夏的，ID叫"顾老顽童"，他做枸杞生意。这两个人一直在直播间支持我，也一直在关注李静这个事情。他们发现我这个事情遇到困难了，大家集资走流程的话要半个月的时间，黄河上冻了肯定耽误孩子救援，他们两个人就说，不管这个声呐设备多少钱，他们两个人出。然后我们就征求鄂尔多斯蓝天救援队队长的意见，他说声呐需要7万块，他们两个人一人出了3.5万，特别迅速。蓝天救援队就从声呐厂家联系了专业的人员，把声呐带到现场，我们就开始用声呐进行搜救。当时真的特别感动，为什么呢？鄂尔多斯蓝天救援队的队长就说，这一个声呐，它相当于我们五个救援队员的工作，就相当于我们在水下长了眼睛，让我们可以更高效、更安全地完成救援。因为是在黄河边上，每年夏天都有溺水的，不小心掉下去的，其实水上搜救的工作日常都会做。你有了声呐，你的工作效率什么的就提高了。可惜的是有了声呐，还是没找到，到现在也还没找到。

不过当时发生了一个奇迹，我正在黄河边直播这个事情的时候，观看人数特别多，双胞胎姐妹突然跟我联系，就说他们可能找到亲生父母了，各种时间、地点都特别吻合，当时就去做了DNA，说DNA鉴定结果出来后就会告诉我。我记得特别清楚，捐赠声呐用声呐搜救的时候，双胞胎姐姐给我发了个短信，说我们明天出发去包头。我一看，这就是DNA结果出来了，匹配。后来他们就过来包头认亲，我给他们进行了直播。

记者：她们是怎么找到亲生父母的？

海燕：这件事说出来真的就像一个奇迹。双胞胎他们家一共有8个孩子，当年因为家里面条件不好，就把双胞胎给送人了。其中二姑娘的老公是我的粉丝，她天天看我直播，然后老爷子，也就是双胞胎的亲生父亲，他没事也玩手机，但老人家快八十了，不怎么会玩，二女婿就给他下了个快手，让他关注我，说你天天看这记者就行了，她的直播特别有意思。然后那天老爷子看我在黄河边直播找人，他就一直看，看的时候点进了我的主页，正好点了我置顶的一个作品，就是双胞胎寻亲的。他一看，就赶紧跟老伴儿说，老伴儿你看，这不是咱俩当年送走的姑娘吗？老伴儿一看就觉得是，然后让他们家的孩子跟双胞胎姐妹联系，联系上基本就确定了，然后就去做DNA，全都对得上。失散了三十九年，终于一家团圆了。

记者：通过李静、双胞胎姐妹寻亲这两件事儿之后，您的寻亲 IP 就逐渐打造起来了？

海燕：在这两个事件之后，大家就觉得，你能找到人，就开始信任你。尤其有一个人，我现在想想还觉得这件事情不可思议。寻亲的这个人叫辛梅梅，今年 51 岁，是陕西子长县的一个农村妇女。那天是元旦，我本来是和家人在一起的，但我团队里的小助理跟我说，有一个人找你来了，我说我不见，他说你必须得见，因为这个人不识字，她是瞒着家里人从陕西坐火车来找你的，50 多岁了。我就问她来干吗？小助理说要找她二姑。我就说为什么不能连麦？他说这个人不认识字，也不会打字。因为我们直播间有个规矩，你要跟我连麦的话，得先把你要连麦的事情打在公屏上，我才会跟你连，她不识字的话确实没办法跟我连麦。我说行吧，我就去见一见。

见了面之后，我就一直在训她，因为我怕她走丢。你想想看，她不认识字，又是偷偷跑出来的，这么大老远的路，一个人很不安全。当时她还带了一个皮箱，没让我们看，后来才告诉我说皮箱里面放的是葱花、调料、月饼、挂面和鸡蛋，还有电炉子和小米，她舍不得花钱，每天就只能吃这些东西。然后来包头住了小宾馆，住的是 40 块钱一晚上的。她想来找我，但我快手主页上没有电话，只有我小助理的电话。辛梅梅也不会打字，她就给我小助理发语音，但我助理平时没有听语音的习惯，然后她就自己跑来了，也没跟家里人说。包头这么大，她找我找不到啊，找不到她就碰到一个人，把我的快手主页打开让人家看，说帮她联系一下这个记者。人家路人都觉得很奇怪，怀疑你是不是骗子，都不帮她联系。之后，她就自己在小宾馆住了两天，第三天有个好心人愿意帮她，这才联系到了我。她第二天自己坐公交车来找我，还坐反了，完全是相反的方向，去了一个特别远的地方，我助理又开车把她接回来。她属于什么情况呢，她要找她 74 岁的二姑。当年她的爷爷奶奶逃荒的时候，带着她爸爸、她大姑和二姑，二姑那时候太小了，只有一岁半，赶不了路，带着走可能也活不了。没办法，就只能把二姑送到了一个车马店，还留了两大包衣服，只知道把二姑送去的地方叫暖水，就这么点信息，其他的什么都不知道，而且隔了七十四年。

辛梅梅来了之后，我就联系志愿者，带她吃饭，照顾她，给她买了回家的车票。我帮她录了短视频，开了直播，但我当时的想法是，这事儿太难了，这可怎么找啊。神奇的是，粉丝里面有个人说可以提供线索。他说能提供线索的是他姥爷，他姥爷今年已经 78 岁了，他知道这件事儿，这个知情人就说，让我过去一趟。然后我就去了，在他们家也做了直播。这个人跟辛梅梅的二姑是发小，两个人从小一起长大，很多事情这 74 岁的老太太都不知道，但是这个老爷子知道。当年老爷子的爸爸是在车马店里烧锅炉的，他就说有这么一家子人，养了大女儿，二儿子和小女儿，他们家把小女儿送人了。他说得特别清楚，跟那边的信息非常匹配。他还提到一个很关键的事儿，在这个二姑 10 岁的时候，她爸爸曾经来这个地方找过她。老爷子刚说出来这件事，辛梅梅就说你等等，我打电话问问我父亲，她就给她爸打电话,她爸当时就哭了,说确实是,你爷爷在你二姑10岁的时候去找过,但没有找到。老爷子就说,为什么没找到呢?因为那个车马店的店主不想把孩子还给他。当时老爷子也已经10岁了,懂事了,所以当时说的话他都记得。然后我们就把二姑父亲的照片给老爷子看,老爷子说错,就是他,个子长得特别高。过完年之后,我们就要去认亲了。大姐今年78岁,二哥78岁,二姑74岁,这三位加起来将近200岁了,当时真的觉得完全不可能,能找到简直就是一个奇迹。通过这件事,辛梅梅也敞开心扉,一开始见我的时候她特别沉默,后来就什么话都愿意跟我说。她记得刚来的时候我说去带她吃涮羊肉,她说不吃,自己有方便面,我说你看着我吃,结果到了店里,她吃得比谁都多。她自己带的那些小米粥、咸菜什么的太没营养了。她还跟我开玩笑,说我是螃蟹,说我刀子嘴豆腐心。

记者: 可不可以这样说,您这个 IP 打造起来其实是一个偶然。

海燕:对,就是通过一个又一个偶然的事件建立起来的,大家就觉得你能找到,很信任你,会很主动地去联系你。后面我也通过短视频和直播,陆陆续续的帮大家找到了很多人。有个走丢的小男孩,他3岁的时候被爸爸带去公园玩,他爸爸呢,因为看别人下象棋,孩子就被人贩子给拐走了。监控视频很清楚的拍到,人贩子给孩子买了个红色气球,孩子蹦蹦跳跳的就这样走了。他妈妈来我直播间,情绪特别崩溃,哭得一塌糊涂。

她跟她老公的关系也特别差，因为她觉得是她老公把孩子弄丢的，就不停地折磨她老公。我就劝她说，孩子一定会回来的，但是你们两个人不能再这样下去了，如果再这样下去，你会疯掉，你会抑郁，也影响你们俩的感情和生活。后来我连麦好几次去开导她，也帮她做短视频，她就听了我的建议开始直播，我也帮她涨涨粉。再后来在粉丝们的帮助下，他们根据信息报了警，在甘肃把他们的儿子找回来了，孩子今年13岁，是大年二十九的时候找回来的。这样的事情实在是太多了，我也没统计过，就觉得帮他们找到就行了。

记者： 在您进入小屏之前，有没有想过小屏居然有这么大的力量？

海燕：完全没想过。在进入小屏之前，你不关心它、不关注它，你就是纯玩儿。每天只看看自己感兴趣的东西，舞蹈啦、美食啦、亲子啦，完全没考虑过非常投入的去做这个东西，更没想到会有这么大的力量。

记者： 您觉得这么高效率的寻亲背后，最关键的推动因素是什么？

海燕：第一点是科技向善。它有一个大时代的背景在里面，这完全是通过短视频、直播和我们的电视大屏，也就是大小屏的融合，完成的一个又一个奇迹。我特别感谢科技能让我们有这样的平台，发挥自己的力量。第二点是大家心里的善意。我天天在直播间说，你们只要看到我发寻人的短视频，你就点赞评论转发，因为你每次的点赞和转发，都会让寻亲者回家的路多一份希望。有很多人

山东双胞胎姐妹与亲生父母团聚

他不懂得用快手这个平台，不懂得用短视频来寻人，或者有的人懂，可是他没有流量，他发出来的信息浏览量太少，很快就会石沉大海。但我有 200 多万粉丝，我可以替大家做些什么事情，对吧？所以我每次都跟我直播间的人说，我说每个寻亲者他的力量是非常渺小的。就像一个萤火虫一样，但是当我们无数的人像无数的萤火虫聚集在一起的时候，它所发出的光一定可以照亮寻亲者回家的路。有寻亲需求的，你也要去帮助别人，大家互相帮助。所以我的直播间，我的整个账号里面，凡是发寻人的短视频，它的播放量都会很高。因为大部分人都在关心这件事，都在帮助你这个账号。人世间的痛苦有什么能比得上骨肉分离呢？人世间的喜悦又有什么能比得上骨肉重逢呢？你的一个点赞一个转发，可能就会让一个人从大悲到大喜。所以大家心里是有善意的，大多数人都愿意成人之美，愿意去做这个事情。

记者：在找人的过程中，有没有感受到记者这个身份带给

您的优势？

海燕：太有了。普通人在做这件事情的时候，你是没有公信力的，但记者这个身份就有一种与生俱来的公信力。除了公信力之外，你还有很多便利的条件。全国各地的志愿者，包括各个政府部门、职能部门，你在联系的时候，可能会比别人更快捷一些。这些都是找人过程中很重要的优势。

记者：在传统大屏上也会有寻亲的新闻报道，您觉得和直播寻亲相比，两者最大的不同是什么？

海燕：观众的参与性和互动性。传统大屏的话你只是在播一个消息，其他人没有办法参与进来。但现在的直播和短视频，大家参与感很强。你一呼吁，这个短视频直接点赞转发，而且在直播的时候，你的当事人、目击者、知情人、志愿者，随时随地都可以跟你进行沟通互动。

爱出者爱返，福往者福来，渡人亦是渡己

记者：您的粉丝特别团结，凝聚力特别高，这很难得，您是怎么做到的？

海燕：作为一个主播，你要让粉丝认同你的价值观，来维护你、拥护你。我觉得凝聚力是在你一场一场的直播中汇集而成的，把你的价值观点点滴滴地传递给粉丝，他们喜欢你，就会团结在你的周围。我常说，什么样的主播就会吸引什么样的粉丝。

我对我直播间的粉丝很自信，他们素质都很高，像有些直播间的粉丝，连麦起来就会恶意攻击你，我们就不会。你像我直播间的粉丝，他们有的是退伍军人，有的是公司高管，有的是公务员，都是这样一个群体。我的粉丝为什么这么团结，是因为大家有共同的目标。我经常告诉他们，爱出者爱返，福往者福来，我们要去播种善良。其实我做这个直播的目的，一个是工作需要，另一个就是为了帮助更多人。你们来到我的直播间，如果喜欢我、支持我，就多去支持那些寻亲的人。来看你直播的，都是认同你这个价值观的，时间长了，大家就凝聚在一起了。

记者：在直播间的时候，您也会很热心地帮助粉丝解决问题。

海燕：对，我帮他们解决了很多类型的问题，每天在直播间给他们出主意。主要是寻亲的多，除了寻亲还有要工资的、找对象的、车主维权的。像有一个就是人家欠了他 17 万的工资，他不知道怎么要，然后我就告诉他你该去找劳动稽查部门，教他跟政府部门沟通的技巧，后来这 17 万就要回来了。他现在成了我直播间的粉丝，每天都来支持我。

记者：我发现您在直播的时候，不管是语言风格也好还是对待问题的思路也好，都带有记者中立、理性的职业习惯。

海燕：这其实是一种自然而然的流露。我们台里的领导也经常来看我直播，他就说我的大局意识和红线意识特别强。我作为一名记者，工作在党的喉舌，你在这样一个平台就要肩负起给大家树立正确价值观的责任。因为很多来连麦的人并不那么友善，他会觉得整个社会都很恶劣，在这种情况下我就会告诉他们，社会和法治都是在不断完善的，如果出现什么问题，我们可以指出来让它变得更好，但千万不能对它失望，去诋毁、去伤害。连麦就是有这样的风险，你不知道对面连起来会说什么，在这种时候一定要迅速做出判断并且给粉丝一个正确的引导，告诉他们看事情要全面，不能被其他因素忽悠了。这种理性、大局意识和精准敏锐的判断力，就是多年的一线经验和职业习惯带给我的。

记者： 快手是不是带给了您很大的成就感和满足感？

海燕：快手给了我一个展示自己才华和能力的平台，它可以极大限度地满足我这个"工作狂"的欲望。在传统媒体工作的时候，你要完成一个采访需要很多人配合，在快手的话，只要你愿意，你随时可以自己开始采访。我的200多万粉丝，都是我一场场直播、一条条短视频找回来的，这些粉丝是对你辛苦付出的一种认可。我特别珍视我的短视频和直播间，每一场直播，我都把它当作一个栏目去做，我可以聊任何我想聊的话题，还能通过粉丝的及时反馈不断调整自己。作为一个内容生产者，你会感到非常骄傲，会有精神上的满足感。

记者： 在快手是不是也实现了自己的商业价值？

海燕：这么说吧，有时候一晚上的直播能抵得上以前一个月的收入。我10月份的时候，坑位费的价格达到了5万，就是电商跟我连线半小时，要给我5万块钱，现在也有二三十家电商在排队，但是我一家都没有签。因为我觉得我成长太快了，我还没有完全适应快手这个生态，所以就不会去轻易接。到目前为止，我就带过一次货，也是台里给安排的，我卖东西就跟直播一样，不讲价不演戏，就告诉你这个东西你在超市买多少钱，在我这里买多少钱，他们就觉得我挺真实的，也愿意在我这儿买。而且变现这个事儿渠道很多，你的播放量可以变现，你的短视频可以被打赏，你直播的时候粉丝会给你刷礼物，等等。

出圈之后，我不再是"贤妻良母"

记者：我很好奇您每天的生活作息。

海燕：你这个问题太好了。我告诉你，在开快手之前，我是一个"贤妻良母"类型的人。我每天晚上10点就上床睡觉，早上6点钟起床，陪孩子晨读学习。我有两个女儿，大女儿在学习打乒乓球，我早上的时候也会陪她们打打球、跳跳绳。工作之余我会去健身，我每天会在健身房待4个小时左右，就在那里练瑜伽。我练瑜伽练到什么程度呢？我在健身房换衣服的时候，阿姨看到我就说，你肌肉线条真好，教练你练了几年了？都以为我是教练。我很喜欢练瑜伽，瑜伽的一些高级体式我都能做。我这个人，是很有生活品质的一个人，我会分得很清楚在生活中哪些重要哪些不重要，我对健康是很重视的。我一直也在跟我直播间的粉丝说，要记住，健康是最重要的，其次是家庭，最后才是收入，剩下的统统往后排。我特别重视我自己的身体健康和仪态、仪表。

但自从做了快手之后，你现在看到的我，比之前胖了20斤，我没有时间再去健身。你像我之前还天天陪着孩子打球，每天拍视频记录他们的进步，然后我的朋友圈就跟日记似的，都是发孩子，发我老公做的美食，节假日带孩子出去玩儿什么的。自从做了快手，就完全不是了。我特别想跟你分享一下我们的家庭会议，在刚开始做快手的时候，我就意识到可能会有这样的问题出现，当时我就决定，一家四口开一个家庭会议，提前跟他们沟通好，提前打好预防针。我跟他们说，现在传统媒体要跟新媒体融合，我必须要走这样的路，我必须要做短视频，要开直播，这样势必会占用我很多的时间。首先是陪孩子的时间肯定少了，我就告诉我们家宝宝，我说你可能没有妈妈的陪伴，你要自己靠自己了；跟我老公说，在孩子的接送上面可能你要多操点心。我老公就一直在喝酒，低头吃饭不吱声。我大女儿就让小女儿拿出来一张A4纸，在上面写了一行字：全力支持妈妈做快手。我女儿一路都特别支持我，我的粉丝每天涨100个，1000个，破了1万、10万，我女儿都会欢呼雀跃，在家里拉着手转圈圈，我女儿会说恭喜妈妈，妈妈你好棒。

记者：您对工作的努力和热情有感染到女儿吗？

海燕：有。我其实是一个比较单细胞的人，做一件事情就会把它做到最好，努力到自己无能为力的程度。就像练瑜伽、减肥，包括现在做快手，我都是拼尽全力，能做到什么程度就做到什么程度。你的这种执着和努力，身边的人是看得到的，尤其是我女儿。

我女儿期末成绩考得特别好，要知道我从7月16日开播以来，没有一天管过她学习。我同事就说，你女儿取得这个好成绩跟你一毛钱关系都没有，我直接把电话摁免提，问我女儿，你跟他说说你这个好成绩跟妈妈有关系吗？我女儿想了想说，当然有了。我说三点，这是我10岁大女儿的原话。第一点，妈妈对待工作很努力、很认真，我从她身上学到了这种精神，要做好自己该干的事情。我的任务就是学习，我必须努力认真地去学。第二点，你要在失败中学会成长。我妈妈送我去打乒乓球，我天天被人家打得痛哭流涕，但哭没有用，你要想赢得尊严，你必须得赢，努力把对方打败才可以。第三，我妈妈让我知道了，没有人可以依靠的时候，你就只能靠自己。我很懂事，我也很爱我的妈妈，我的妈妈给我养成了很好的习惯，我特别感谢她。我女儿就这么说的，我真的感觉特别骄傲。

我之前跟我同事也讨论过，就说如果女儿这次没考好，家里面肯定对你有意见，因为你把这么多时间用在快手上。但是没想到我的女儿这么争气，所以现在全家人都在配合我，很支持我，我就可以心无旁骛的去做自己喜欢的事情了，感觉超棒。

记者：从妈妈这个身份来说，心里会不会有愧疚感？

海燕：我有特别大的愧疚感。尤其是我们家老二，我都不知道她怎么就长大了。带老大的时候没有现在那么忙，一有时间就会带她去玩儿。老二真的就像散养，我都不知道她什么时候学会的系扣子，什么时候学会了梳头发，更不知道她什么时候学会了写字，你完全不知道，其实都是姐姐教给她的。但我会给孩子一个陪伴的时间，哪怕只有 10 分钟，我也会认真地告诉她我很爱她，我会陪她说话，陪她做一些她觉得很有意思的事情。可能现在职业女性都是这样的状况，很难同时兼顾事业和家庭。对于我来说，好歹大女儿是我自己一手带大的，可以帮我做一些事情，对小女儿这一块儿我真的是有愧疚的。但我始终认为，给孩子最好的教育就是言传身教、以身作则。我对工作的努力、认真和负责，她们能够看得出来。所以现在她们不管是打球还是学习，都会有这样一种精神，要不就别干，干就把它干到最好。

我做好了一夜爆红的准备，也做好了随时离开的准备

记者：您现在处于工作和生活失衡的状态，接下来打算怎

么平衡一下？

海燕：我现在基本三分之二的时间都给工作了，剩下三分之一的时间用来睡觉。如果我不用睡觉也能健康地活下去，那估计觉也不睡了，这三分之一也用来工作。现在这个状态太伤身体，我没有时间去健身，我只能说是连麦的时候，我 PK 一下，如果输了我就做 50 个、100 个深蹲这样，或者跳跳舞什么的，让自己活动活动。接下来，我一方面会再打造一个生活号，记录自己怎么健身、怎么减肥；另一方面会适当减少直播时间，我不能以牺牲健康为代价去工作。

记者：您是第一个快手粉丝破百万的记者，而且半年多的时间就积累了 200 多万的粉丝，有思考过自己为什么这么受欢迎吗？

海燕：我觉得勤奋是最关键的。我不管直播做得多么好，我的短视频照样每天坚持更新。你像有很多跟我同粉丝级别的主播，或者粉丝比我更多的，就已经在忙着直播赚钱了，他就不用更新短视频了，反正粉丝够多，只要变现就行。但我还是认认真真，一直在坚持更新短视频。另外，我很接地气，很有亲和力，有时候还会比较霸道，也有很多人评价我说，很聪明，反应快。其实在我心里，勤奋是最主要的原因吧，我直播时间够长，短视频输出够多，才能让大家记住我，被我吸引。

记者：当网红是一种什么样的感觉？

海燕：很爽。你要说网红的话，其实也不能光说现在，应该是这么多年我一直很红。我刚开始工作的时候，就在内蒙古地区最受欢迎的王牌节目当出镜记者。然后在我们市政府门口有一个三层楼那么大的广告牌，上面就是我的宣传照片。因为你的节目很火，你又是这个节目的出镜记者，很多人都认识你。你逛街买菜、出门吃饭，大家看见你都会想跟你合影，包括你生孩子胖了、减肥又瘦了，大家全都知道。前段时间，我带我女儿去电影院看电影，疫情防控嘛，我戴着口罩和帽子，我一进商场就感觉有人一直在盯着我看，然后我就看回去，他就问我，你今天没直播吗？我心想戴着口罩你都能认出我来……

记者：会担心自己过气吗？

海燕：不会。前两天我助理拿着我的号在直播，因为一个问题被封号了，所有人都特别着急，他自己也很内疚、很自责，我也很着急，都急哭了。但是冷静下来以后，我就给他打了个电话，跟他说，之前没有快手的时候，我活得很精彩，将来没有了快手，我同样可以活得很精彩。有它是锦上添花，没有它咱照样该干啥干啥。我随时做好了一夜爆红的准备，也随时做好了离开它的准备，不用焦虑、不用担心，做好自己就够了。

后记
聚集微光，照亮寻亲者回家的路

在采访中，海燕一直在强调"科技向善"，我们要用它去做好事，要发挥它的优势。在入驻快手的这半年，海燕帮助很多人寻亲成功，在她讲的寻亲故事中，最让我难以忘怀的就是那对双胞胎姐妹。失散三十九年的双胞胎姐妹能够在 3 个月之内跨越千里和父母团聚，这个奇迹的背后是海燕作为媒体人的坚守，是网友们的热心助力，更是短视频平台与公益碰撞出的耀眼火花。短视频的出现曾一度引发人们的担忧，娱乐至死、麻醉理论的呼声不绝于耳，这本质上其实是人们对技术道德观的探讨。"短视频＋寻亲"似乎进一步印证了"技术中性论"的观点，技术本身无所谓善恶，它只是中性的工具和手段，使技术成为"善"和"恶"的，终究是使用技术的人。

第二单元
70后草根网红们的"进阶史"

在快手上，一大批以"时尚、有趣、才艺"为标签的中老年网红正在不断崛起。互联网的包容性，让每个人都成为主播，为不同年龄段的群体创造了不一样的展示空间，并为其赢得了更多其他圈层人群的认同与尊重。这当中，许多"草根网红"借助短视频的力量传播自己，他们通过快手记录和分享自己的生活并与平台受众产生互动，他们开创了中老年群体的传播阵地。无论是把自己打扮得像时尚的弄潮儿，还是分享生活中的趣味小事，抑或是摒弃修饰、呈现原生态乡村生活的风貌，越来越多的70后群体投身于短视频浪潮，在互联网短视频领域大放异彩。起初，他们也许只想分享日常，没有明确的目的。在偶然的契机下，"爆红"改变了他们拍摄视频的初心，于是他们开始全身心投入创作，学着直播带货，从小舞台走向大舞台。现在，仍有一大波中老年草根网红，以各式各样的面貌和性格特质，涌入快手的舞台。

不可否认的是，始终有很多人对中老年群体存在一种刻板印象：固执保守、不愿接受新事物、无趣粗糙，所以当叔叔阿姨级别的人以积极、健康、开放、时尚的形象出现时，总会给我们带来眼前一亮的感觉。此外在目前的短视频生态中，创作群体仍集中于 18～35 岁，这个年龄段的创作者占据了整个创作群体约 3/4，因此以中老年人为创作主体的内容并不算多。当这些中老年群体以自信的姿态出现在屏幕中时，年轻受众从他们身上看到的是积极拥抱新生活的乐观态度，年龄较大的受众看到的则是同一年龄维度下生活的更多可能性。如今，70 后草根网红们已不再是短视频媒体中的稀缺群体，他们的入驻不仅丰富了快手的传播生态格局，同时也增进了内容的差异化，让更多人看到了生活的多元性，也为他们自己开启了全新的生活方式。

"山村里的味道"是由一名来自江西省横峰县早田村的农民蒋金春运营的快手账号，他和母亲一起拍摄，和妻子一起直播。山村里不经雕琢的农田风光、母亲融入爱意的美食……这些都是他短视频的主要内容，当地充满特色的山货是他直播时主要销售的产品。截至目前，通过这个账号，他已帮助 50 多个村和 400 多户农民售卖了山货，最多帮每户每年增收 3 万多元。正是这些经历，让他走向了更大的舞台，成为央视新闻"我和我的村庄"特别报道的主人公之一。

长着一张俄罗斯人的脸庞，却操着一口地道的东北话，这位来自黑龙江逊克县的俄罗斯族东北大叔董德升，用自己的镜头征服了屏幕前的一众粉丝。他种地、钓鱼、进城当群演、参加真人秀、玩直播，收获了百万粉丝，成为网上最受关注的东北农民之一。2020 年 2 月，他还登上了《新闻联播》节目，讲述自己 2020 年的心愿。有人分析，董德升之所以能在快手上大火，主要戳中了传播分享中的两个点："预期违背（反差）"和"让人产生亲近感"。就像他自己说的，四十多年来，这副面孔给他带来了太多不便,然而现在,正是这副面孔让他在短时间内收获了财富和名气,以及广大网友们的关注和赞美。他经常会在视频上分享日常生活中因为外貌和口音的反差遇到的趣事,比如很多人问他:你喜欢中国吗? 还有粉丝问他能不能说俄语。对此他的回答干脆爽快:"我就是中国人,我是地地道道的东北人,我一句俄语都不会说!"这样的反差萌,让网友看到了一名东北农民真实可爱的模样。不过他的真实并不仅仅体现在视频中,他做人的理念同样吸引人。董德升在快手火了之后,不少平台找他签约,让他成为带货主播,不过他都拒绝了。他对着镜头坦诚地说:"钱是赚不完的,够花就行。何况现在我已经能通过直播自食其力,卖点家中自产的榛蘑之类的特产,这就够了。"这样一个朴素、爽朗、真实、简单的东北俄罗斯族大叔,有谁会不爱呢?

朗诵一首《再别康桥》也能出圈?或许在看到这条视频前,你我都会发出这样的疑问,但在看过"牧野繁花守山大叔"的朗诵后,我们或许都会感慨天赋的重要性。1975 年出生的于新伟,是河北承德隆化的一位朴朴实实的农民,有一副天生的好嗓子。在快手上传自己唱歌的视频,展示自己充满磁性的嗓音是他最开始的方向。高山、田野、盛开的野花、撒欢的鸡崽儿⋯⋯这些原生态的环境成为于新伟视频中的背景,而他充满反差的形象也让许多人津津乐道。早些年,他就像大部分村民一样选择外出打工,在经历过家乡外的世界后,他发现自己更喜欢和家人一起,与青山为伴。如今,越来越多的网友通过他的朗诵喜欢上了他的声音。"我这两天跟做梦似的,恍恍惚惚的,觉得不真实,理解不了这个事有这么大的反响。"走红后他仍旧想不明白为何会有这么多人喜欢他,不过朗诵和唱歌早已成为他实现自身价值的一股力量了。也许,未来还会有更大的舞台等着他,并为他的声音点赞。

如果说凭声音能走红的话,温州有一对农民夫妻则又凭借自己的舞步成功走红了。在温州瑞安的马屿镇霞岙村,有一对爱跳曳步舞的农民夫妻。妻子彭小英和丈夫范得多,他们种了8亩菜地,地里的黄瓜和玉米,都是看着夫妻俩跳舞长大的。丈夫在经历了一场噩梦般的车祸后,患上了严重的抑郁症。某天陪伴丈夫散步的彭小英,偶然间在马屿镇霞岙村的广场上发现一种有趣的广场舞,她觉得这个舞跳完后感觉挺好,还能出一身汗,就鼓励丈夫也参与进来。于是,跳舞的种子渐渐埋藏在夫妻俩的内心,也渐渐在丈夫范得多的脸上开出了花。抑郁症逐渐好转后,他们在女儿的帮助下开始分享跳舞的视频。疫情期间,他们的舞蹈感染了许多人,于是他们的故事就像视频中充满趣味的舞步一样传播了出去。大屏小屏上都有夫妻俩的身影,他们的生活也在逐渐发生改变……

也许70后群体接触互联网的时间较晚,但他们追随短视频文化的脚步却铿锵有力。他们的"快手之道"会有哪些精彩,未来他们又将谱写怎样的奇迹, 且听他们娓娓道来……

快手
主播之道

蒋金春
◆◆◆◆◆

快手账号：山村里的味道
粉丝量：208.2万
标签：农民
采访记者：熊根辉

记者手记

　　憨厚的外表下透着一股机灵劲儿，这是我对蒋金春的第一印象。一个普通的70后农民，是如何摇身一变成为坐拥200多万粉丝的快手主播的？这是我的疑惑。翻阅快手号"山村里的味道"所有短视频，尽管有过删减，但透过蛛丝马迹依旧能看出蒋金春的快手发家史。他有过落魄、有过摸索、有过困惑、有过坚持，但这些曲折的历程都被他藏在身后，只有一点没有改变，那就是他永远以真挚的笑脸正面示人。互联网时代，为何他能闻风而动，踏浪而行？逆着时间，溯源而上，或许我们能找到答案。从细枝末节中感知人，从只言片语中理解人，请跟着我的脚步，去了解一个真实的蒋金春。

58

勤奋努力的打工人

生于早田长于早田，蒋金春吃了苦中苦；打工潮来袭，养蜂少年闯荡义乌；服务周到、勤奋努力，快递小哥蒋金春翻身做主管；跳槽福建，邂逅妻子喜结良缘；嗅得互联网商机，蒋金春跳出舒适圈；电商初起步钱财被盗，一路赊账过难关；卖完秋裤卖舞服，电商事业小有起色。

记者： 蒋大哥，您小时候生活在一个什么样的家庭？

蒋金春： 我们是地地道道的农村家庭，我们家一共有五个孩子，我排行最小。我们家和那个时候绝大部分农村家庭一样，生活都特别艰苦，我们这些小孩子要干很多农活，比如说砍柴、放牛、割猪草，因为家里特别穷，经常吃不饱穿不暖，吃了不少苦。我念书念到高二就念不下去了，就辍学回家做事了。

记者： 那时候辍学了，有没有想过去学一门手艺？

蒋金春： 那个时候确实想学一门手艺。我18岁的时候跟着人学养蜜蜂，结果被蜜蜂蜇得受不了，干了一年就不想干了。刚好20世纪90年代打工潮来了，很多人就一窝蜂似的往外走，挤上绿皮火车去广东、浙江一带打工，因为在我们这儿赚不到钱。那时候在义乌砖瓦厂打工，一年下来能赚2000多块钱，而你在家里只能赚几百块，知道这个差距后，很多人包括我就在家待不住了，就想尽办法往外走，于是我就在1999年跟着同村人一起去义乌打工讨生活了。

记者：那到了义乌之后，有之前想得那么好吗？

蒋金春：有的。我刚到义乌的时候，就是在送快递，第一个月就拿 800 块，那时候特别高兴，如果待在家里一个月才赚 100 来块，差距太大了。

记者：我看过一些关于您的新闻报道，据说您后来在快递公司做到了管理层？

蒋金春：是的。因为我能吃苦，前几年送快递的时候，只要是 6 层以下的，我都会把快递送到他门口。这一点老板看在

江西省横峰县早田村蒋金春的家

眼里，客户也看在眼里，我的客户 99% 都是喜欢我的。有的时候去客户那里结算快递费，老板亲自出马都未必结得到，只有我才结得到。因为表现突出，我后来成了主管，做了将近三年，再后来我又去了福建福州，也是在快递行业，因为福建的老板就是我的师傅，我过去也是直接做主管的。

记者：根据一些报道来看，您就是在福州认识您媳妇的，是这个时候吗？

蒋金春：对。2007 年我去一家外贸公司结算时认识了她，她那个时候从景德镇陶瓷大学毕业不久，在那儿做外贸，我直接追求她的。2008 年我俩就结婚了，后来我媳妇说想去义乌做服装贸易，我们就又回义乌了，打算先在快递行业干着过渡一下。

记者：根据资料来看，您是从 2009 年开始做淘宝电商的，您当时是出于什么样的考虑打算转行呢？毕竟那时您在快递行业已经做到了管理层，也有一定的人脉积累，工资待遇应该也挺好，何必再转行做淘宝电商呢？

蒋金春：首先是那时候我工资也不高，4 万多一年，不过比一般同行要高了；其次就是我媳妇喜欢做淘宝电商，我也觉得可行；最后，我是一个爱自由的人，不喜欢受拘束，做电商就没人管得着。我在 2008 年年底就已经开始接触电商了，到了 2009 年，我就把快递那边的工作辞了，开始一门心思做淘宝电商了。

记者：刚开始做电商的时候，收入有没有比在快递行业时高？

蒋金春：比快递行业高，因为2009年电商行业已经相当成熟了，利润还是比较高的。

记者：我在北京卫视的综艺节目《但愿人长久》里看到这样一个片段，您说您跟您媳妇回到义乌之后，有一段非常艰苦的日子，窘迫到每天只能吃土豆丝，这是怎么回事？

蒋金春：确实有这么一段困难的时候。因为我们的电商事业刚刚起步的时候，钱就被人偷了，当时一共损失了6000多块现金，再加上一台电脑，一下子身上就没什么钱了，只能租那种很差的房子，钱只能精打细算地花。

记者：后面又是怎么缓过来的呢？

蒋金春：主要还是老板好，我向老板进货，他们允许我赊账，说等我们卖完货赚钱了再来结算，后面货卖出去了，钱赚到了，就好起来了。

记者：那个时候网店在经营什么呢？

蒋金春：我们那个时候做网店，是那种家庭式的，就是所谓的夫妻店，卖的是保暖内衣，一开始生意不怎么好，结果后来碰上 2009 年雪灾，一天就卖出 300 多件，一个冬天就赚了 7 万多块钱。到后来保暖内衣不好卖了，我又卖起了舞蹈服装，因为我做的都是很多店铺不愿意做的生意，效益还挺好的。

记者：有一点我很奇怪，像我身边的很大一部分的 70 后对互联网都不太了解， 更不要说电商了，为什么您就一直在积极接触这些新的东西，比如淘宝？

蒋金春：可能是我接触的行业比较特殊，因为我送快递经常会到一些外贸公司或者电子商务公司，这些公司和互联网挨得比较近。然后我为人处世也好，所以那些老板对我特别好，很多东西都是那些老板手把手教我的，有的老板就对我说，要学做生意，以后不能老是送快递。很多老板的厂里有电脑，那些老板说，电脑空着的时候可以上手玩一玩。有一点我记得很清楚，2004 年的时候我在他们那里学会了用 QQ。

忧心忡忡的归乡人

留守女儿高烧不退，蒋金春连夜返乡；心怀愧疚，携女儿同赴义乌；他乡难容他乡客，女儿念书遇难题；不忍女儿再留守，蒋金春夫妇携女归乡；电商事业水土不服，业绩遭遇滑铁卢；故乡无法谋生，蒋金春或将复出打工。

记者：您在义乌做电商做得挺好的，为什么后面又回乡了呢？

蒋金春：说来话长，主要是因为我女儿。我2008年结婚的时候，我女儿就快要出生了，2009年我女儿算起来就两岁了，那时候我的条件不好，电商事业刚起步，就只能把孩子送回家给我母亲带。有一天晚上我母亲打电话给我，说我女儿发高烧，我们村离镇上有30多里路，我父母就拿着电筒，连夜背我女儿到镇上的医院，到镇上已经是晚上12点多了，结果发现镇上的医院晚上不营业！

蒋金春和女儿

记者：那后来是怎么解决的？

蒋金春：后来我母亲打电话告诉我情况，那时候我作为一个男人，不能掉眼泪，但是我媳妇在旁边就一直掉眼泪，特别揪心，后来还好我母亲叫了我亲戚的车连夜把我女儿送到县城医院去了。

记者：还好及时送到县里医院了，真是够惊险的。

蒋金春：事情还没讲完，因为太担心我女儿了，那天晚上

12点多我连夜骑摩托车赶回来，一共是330公里，骑了7个多小时，早上8点多到了县里，这才知道我女儿烧到了40摄氏度，女儿毕竟是我们做父母的心头肉啊，那时真觉得心如刀割！我想，成了个家却连自己的女儿都照顾不了，感觉特别对不起小孩子。

记者：所以从这个时候就决定要回来？

蒋金春：那倒不是这个时候回来的。这件事发生后就是心里过不去的一个坎儿，我就把女儿带到义乌去了，由我媳妇带着，一直坚持到了2011年。这时候我女儿要念幼儿园了，结果有户口限制，外地户口的孩子不能去义乌的公立幼儿园读书，我媳妇觉得必须得想办法回去。我想，既然是开网店的，回来应该也可以做，在家里接点儿订单发点货能赚点儿生活费就行了，所以在2011年年底，我们就雇了一辆车，把那些舞蹈服拉回来了。

记者：当时回乡之后，对您的电商生意影响大吗？

蒋金春：影响很大。一开始坚持了一年多，感觉还行，但后面就出现问题了。可能是我们经营店铺的经验不足，舞蹈服的样品和款式跟不上潮流了，以前在义乌去拿点新款式特别方便，现在我们在一个小县城，厂家寄个样品过来几天才能到，效率很低，一步落后步步落后，后面就越来越吃力，2013年几乎是全亏，没有收入，当时我们夫妻俩就很迷茫，不知道怎么办了。

记者：怎么会亏损这么严重，您觉得还有没有其他原因？

蒋金春：我后面想了一下，可能是那时候淘宝有变化了。刚开始我们做淘宝，广告费相对偏低，比如说一件舞蹈衣是 9 块钱进的，一件衣服的广告费才几毛钱，但到了 2013 年和 2014 年这两年，广告费就变得很高了，比如说有一个想买舞蹈服的客户，他点进去一下，就要 1 块 5 毛钱，关键是他还不一定买！所以这个时候广告费支出就特别大，而且负担不起。2014 年倒闭的小规模夫妻网店不仅仅是我们一家，那几乎是成片成片地倒闭，因为已经有大量资金注入这个行业了，因为资金大，所以广告会倾向于这种商家，我们这种小店就只会越来越难做。

记者：当时收入急转直下，家里经济变得这么差，有没有想过再外出打工？

蒋金春：我有这么想过，因为我们这里是小县城，在这里打工或者做小生意还不如外出打工。后来的 7 万块钱的存货，我都打算按斤全部卖掉，卖完了就准备外出打工。

初尝甜头的小主播

柳暗花明又一村，蒋金春与快手成功牵手；看风景、做美食，快手号不见起色；初次开播无人捧场，蒋金春陷入尴尬；偶挖春笋上热门，蒋金春看见变现希望；撸起袖子加油干，山货卖到山外头；一切努力终有报，快手之路越发顺利。

记者：您和快手是怎么结缘的呢？

蒋金春：当时电商事业亏得很惨，我都不知道该怎么办了，还是一个朋友告诉我可以试试快手。他是我以前的同事，是个东北人，也回老家创业了，做的是黑木耳生意。他很早就用快手进行直播了，那时他已经有 20 万粉丝了，他经常通过直播把黑木耳介绍给粉丝，当时快手还没有商品橱窗，好多粉丝就加他微信去买黑木耳，所以他就经常拍些风景、农产品发在朋友圈，和微商有点像。

记者：所以您是通过朋友圈知道他在做快手的吗？

蒋金春：对。我总是在朋友圈看到他发这些东西，觉得特别奇怪，我就问他一天到晚拍这拍那的是做什么呢，他就打电话给我讲是怎么回事，还问我这边有什么农产品，我说我家里有葛根、山茶油、笋干，他就说你可以尝试拍一下快手，我就开始拍快手了。

记者：您是什么时候开始拍的？刚开始拍快手拍什么呢？

蒋金春：我是从 2015 年 8 月份开始拍，当时我还是一边做淘宝，一边拍，坚持了半年多，都没什么起色，拍的都是一些风景、美食，因为我觉得可能会有一部分人喜欢农村题材的短视频。后来有个上海的网友给我打电话，他说虽然他在上海环球金融中心大厦上班，看起来很体面，但实际上很孤独，他很羡慕我的生活和我的性格。

记者：当时做这些内容的时候，您更新得勤吗？

蒋金春：基本上是一天更新一个，因为我觉得特别好玩儿，那时候手机像素不高，也不懂什么拍摄技巧，视频不仅模糊还特别晃。

记者：我看您有一条视频，说每年的10月31号是您快手直播的周年纪念日，那2015年10月31号是不是您第一次直播的日子？

蒋金春：是的。那天我就试着直播，播的是我们村的风景，但是没有一个人看，我播了五六分钟就把它关了，这根本没法播。

记者：那时候是不是会感觉特别尴尬？

蒋金春：对。那个时候很奇怪，我做短视频两个月了，陆陆续续积累了1万粉丝，快手主页上有我的微信号，加我微信的人倒是挺多的，他们都是来买笋干吃，但我直播的时候就很少人看，有也是一两个人。

记者：那个时候您做得还挺快，两个月时间粉丝就有1万了，说明效果还不错啊！

蒋金春：我觉得那个时候效果并不好，因为没有给我带来收入，只有我的东西卖出去了，有收入了，我才会觉得这个东西是有效果的，就会坚持认认真真去拍。

记者：那什么时候开始好转的？

蒋金春：刚开始好几个月都没什么效果，直到有一次我挖春笋的视频上热门了，好多人就问我笋怎么卖，那个时候我特别激动。我记得很清楚，我们家只晒了五六十斤笋干，一天就卖完了。从那一次开始，我有了喜悦的感觉，不知哪儿来的动力，就慢慢坚持下来了。

记者：您前期大部分视频的点赞数，大概在一个什么样的水平？

蒋金春：一般都是一个视频有1万多吧，这个号也算是做起来了。我慢慢就尝到甜头了，好多人通过快手加我微信买东西，开始有可观的收入了，我就把淘宝店铺彻底停掉了，一门心思做快手。

记者：听说那段时间您直播收的礼物钱还抵不上您的流量费，是这样一个情况吗？

蒋金春：是的。那个时候村里还没装宽带，直播用的都是流量，也还没有提速降费的政策，流量费很贵的，有的时候算下来要三四千块钱，这是一笔很大的支出了。我不是颜值主播，开直播的时候没什么人送礼物给我的，这样一来，礼物钱自然就抵不上流量费了。

记者：那当时减去流量费这一项支出，还有收入吗？

蒋金春：收入肯定有，礼物我可能收不到多少，也没指望说靠打赏赚钱，我的收入来源是我卖的农产品，我就卖卖笋干、甜茶什么的，卖得好的话有一两万的收入。如果没有收入，哪来这么大的动力去做这个事呢？作为一个普通人，做这个事没有收入，那就没意义了。

记者：其实总结下来，您做短视频更多的是为了缓解生活压力。

蒋金春：是的。像我们做短视频，无非就是想在家里生存下去。因为一个小县城什么都不发达，解决不了所有人的就业问题。我用快手六年了，通过直播比我打工稍微好一点，我去年（2020年）有20万的收入，作为农村人来讲我已经很知足了。

昙花一现的"鲁智深"

一语点醒梦中人，蒋金春决心变身鲁提辖；隐于山间少人问，一朝爆火天下知；快手一夜涨粉50万，带货突破3000单大关；人红是非多，鲁提辖惊鸿一现后难觅踪迹；

蒋金春扮演鲁智深

放下戒刀拿起菜刀，蒋金春携母亲演绎乡村美食小短剧；高质量、高产出，粉丝已过 200 万。

记者：您的走红，其实是在 2018 年 6 月份，您拍了一个饰演鲁智深的短视频，我们暂且以这个时间为分界线，来聊聊这次走红前后的事儿。从 2015 年到 2018 年 6 月份，您的短视频包括直播的内容，都是围绕乡村美景、美食来做的吧？

蒋金春：是的。那个时候就是拍美景、美食，还有一些干农活的视频，这样做下来，在拍鲁智深短视频之前，我的粉丝已经有 50 多万了。

记者：您之前一直做的都是乡村美食美景类的内容，怎么那个时候突然做起了角色扮演或者说小短剧这样的短视频呢？这样的转变有些突然，是谁给您的灵感呢？

蒋金春：这个事实际上要感谢我的粉丝，因为我直播基本上都是在做农活，粉丝们看着觉得很无聊。后来有粉丝反映说，鲁智深和我很像，我一琢磨，确实如此，因为我在生活中就是一个大大咧咧的人，比较豪爽，形象也挺接近的，后来我就尝试穿鲁智深的衣服拍视频，结果上了热门，走红了。

记者：当时是粉丝给您的灵感，那当时是谁在负责具体执行呢？

蒋金春：这一块儿都是我和我媳妇两个人一起做的。当时我和我媳妇一商量就觉得扮演鲁智深可行，然后就一起想拍什么内容、场景怎么布置、道具怎么弄，大概就是这样。我们毕竟不是专业人士，做法其实挺"草根"的。

记者：当时拍完之后，您有没有预感会火？

蒋金春：当时只是做一个尝试，也不知道能不能火，不过我内心肯定希望能火。毕竟作为拍摄者，我很关注我的视频有多少点击量，也很在意粉丝看着过不过瘾、舒不舒服。只有粉丝满意了，喜欢我了，他们才会去购买我的农产品。这就是我最大的愿望。

记者：当时那条短视频有多少点赞量？给您的快手号涨了多少粉丝？

蒋金春：当时这条短视频应该是 200 万点赞量，就因为这一条视频，我的粉丝数涨到了 100 多万。

记者：一下涨了这么多粉丝，当时心里头是什么感受？

蒋金春：当时感觉就是，可能这附近的两三个村庄的笋干都不够卖了。

记者：您当时难道不应该是感觉特别兴奋吗？

蒋金春：因为我已经习惯了这种做视频的生活，我做每一个短视频都希望得到粉丝的喜欢、得到他们的点赞，我直播的时候他们高兴，这就是我想的，就像广告公司想尽办法把产品推销出去一样。

记者：这次走红之后，农产品的销量有很大的增长吗？

蒋金春：之前我卖货都是通过微信卖，后来2017年快手的主页可以挂商品橱窗了，我就在快手上卖，卖得也还可以，但走红之后确实我的货就卖得更多了，2018年有一场直播是卖甜茶，卖了3000多单，这在之前我都不敢想。

记者：所以说，这次走红不仅给您增长了粉丝，还让您的货卖得更多了。既然这条视频当时热度那么高，为什么现在您的快手号上已经找不到它了呢？

蒋金春：这条视频被我删了。因为鲁智深是一个带有宗教色彩的人物，但他不光吃肉还要喝酒，我总是扮演他的话，是不太合适的。那条视频火了之后，我也拍了一些鲁智深的视频，但后面基本上都删掉了，再到后来我就不扮鲁智深了。

记者：您拍的那条鲁智深的短视频是具备角色扮演、短剧、搞笑等元素的，当时火了之后，为什么不继续做这类视频，反而还要继续做乡村美食美景呢？

蒋金春：做搞笑内容的视频特别难，因为短视频不是说拍一个就可以火很久的，可能过了几个小时就没有热度了，所以做搞笑视频需要很多时间和精力去想新点子。我和我媳妇两个人去做这些是非常难的。我没什么才艺,也没有颜值,所以只能和我母亲做一些我们这里的特色菜,在这些内容的基础上加一点冷幽默。

记者: 那您从零开始一步步做到今天的 200 多万粉丝,相当不容易啊!

蒋金春:我是这样想的,虽然我现在有 200 万粉丝,但并不意味着就可以高枕无忧了,我们时时刻刻都是需要努力的,不努力就会被淘汰,因为短视频它发出的光是一瞬间的事情。

进退两难的大主播

高峰过后遇低谷,蒋金春拍无可拍;心思掏空难有奇思妙想,快手号掉粉严重;直播间人气下降,卖货再难回巅峰;无资本、无团队,不知路在何方;流量为王,蒋金春进退两难。

记者: 在 2021 年 2 月 17 日的《新闻直播间》里有一则关于您的新闻报道,里面您说目前遇到了瓶颈,为什么这么说呢?

蒋金春:我做乡村美食的短视频已经做了好几年了,能拍的素材都拍得差不多了,现在我跟我母亲已经找不到新鲜的点了,做不出让粉丝更加惊讶,想反复看的内容了,就好比是一部老电视剧,粉丝都看腻了。我现在对自己没信心了,我们这种草根网红没有太多的经验，又不是什么真正的导演，想不出什么好的创意，我就是一个老实巴交的农民，找不到突破口，很迷茫。

记者：现在开始出现掉粉的情况了吗？

蒋金春：我的粉丝量从去年就开始严重下滑，本来掉粉丝是个很正常的现象，只要涨粉数超过掉粉数就还好，但是现在我这个快手号涨粉的速度已经跟不上掉粉的速度了，算下来都掉了五六万粉丝了。

蒋金春和母亲拍短视频

记者：除了说您的短视频没有新意之外，您认为还有哪些原因导致您进入了瓶颈期？

蒋金春：现在有大量的资金注入短视频行业，比如明星、传媒公司，都在想尽办法去抢流量，那流量就会倾斜到他们那边。而我不可能像他们那样去玩，只能靠自己之前积累的原始流量，很不稳定，在目前的网络直播大背景下，我觉得像我们这种草根网红会一个个被淘汰掉。

记者： 您现在遇到这种瓶颈期是不是特别焦虑？

蒋金春： 是的。我现在每天都在纠结明天拍什么内容，明天过了还有后天，压力太大了。现在我打算再坚持一年，如果没有好转的话，明年我得重新考虑做什么事情。

记者： 您现在拍视频有规划表吗，比如说往后一段时间要拍什么？

蒋金春： 规划是肯定要规划一下的，但是总感觉味道变了。我很怀念扮演鲁智深的那段时间，我很随性，大大咧咧的，粉丝们也很喜欢，现在感觉没以前那种味道了，感觉人受到了拘束。

记者： 是不是感觉被流量束缚住了，现在是为了更新去更新，找不到当时那种向上、乐观的状态了？

蒋金春： 是的。我觉得越是像以前那种心态，流量就来得越自然。

记者： 现在您的视频没有新意了，有没有想过一些破局的方法，比如说去学习、借鉴和您类似的农村网红的经验做法？

蒋金春： 这两天我跟我媳妇就在琢磨这个事儿，打算学习模仿类似农村网红的做法，现在只能是走这条路了，只是目前也没有找到明确的学习对象。

记者： 一直以来就没有团队或者传媒公司来找您谈合作吗？

蒋金春：没有。团队公司他要分析人设，要看你的经济价值。我是比较笨的人，既不会控场又没经济头脑，经济价值不太高。

记者：那没有想过自己请外人组建一个专业点的小团队呢？

蒋金春：像我们这种草根网红，很难去请人来做，不太现实。你看我辛辛苦苦赚了二三十万，很大一部分都用于家庭开支了，哪还有什么钱去请别人？这种玩法我是玩不起的。所以从开始做快手到现在，都是我和我媳妇在做，后面又加上我母亲，我们都是靠自己一步步走过来的。

记者：现在的瓶颈期，对您直播带货应该也会有影响吧？

蒋金春：影响挺大的。以前直播多的时候有二三十万人看，现在一般是几千人，少的时候才几百人。从农产品的销量也能看出，之前一场直播卖出过 3000 单，现在我嘴巴都说干了，浑身都被汗浸湿了，一场直播才卖两百多单，这几天更是糟糕得一塌糊涂，一场直播下来只能卖四五十单。

记者：据我这段时间的观察，现在您一般是在每天上午的 11 点开始直播，为什么要定在这个时间呢，一般来说晚上才更多人看吧？

蒋金春：我现在上午 11 点开播，一般播两个小时就结束了，选这个时间其实也是没办法。我们夫妻俩平时住在县城，一天的安排很满，早上把孩子送到学校后要开 1 个小时车到老家，在老家拍视频和直播，下午货物要打包装车，发完货差不多下午三四点，又要去学校接孩子，孩子吃完饭要上晚自习，还得送过去，晚上 9 点多又要接孩子回来。所以你看，只有中午有时间直播。

记者：那么依您看，喜欢看您直播的都是什么人呢？

蒋金春：我的粉丝基本上和我差不多年纪，30 岁以上的人居多，他们喜欢看我可能是因为我大大咧咧的性格吧。

记者：直播过程中会不会遇到粉丝刁难或者说其他的一些问题？

蒋金春：这种事经常遇到，因为网络社会比现实社会更加复杂，很多时候某个人心情糟透了，现实当中没法释放，就容易在网络上攻击别人。不过这个无所谓，不理他就好了，作为一个网红，如果总计较这些的话，也做不了这一行。

不畏流言的前行者

不惧流言蜚语，蒋金春坚定向前；直播带货惠村民，母子二人释前嫌；夫妻二人齐心，其利也能断金。

记者：在很多新闻报道里，都能看到早期您选择做快手遭受了很多闲言碎语。那么当时在你们那个小山村，别人是怎么看待您做快手的？

蒋金春：那个时候村里头人都说我是神经病，说你这一天到晚拍这拍那的，游手好闲。在他们眼里，直播行业都是那些美女的天下，不是我们这种农民该干的事。之前我扮演鲁智深，穿着鲁智深的衣服给他们看到了，很多人都莫名其妙，认为我可能是有毛病。他们不知道什么叫做人设，不知道我直播在做什么，也常常不明白为什么我前段时间收的几百斤甜茶一下子就卖完了，他们还不知道这里的转换门道。

记者：那他们什么时候开始慢慢明白您做的事儿了呢？

蒋金春：只有真正把效益给他们看了，他们才会转变态度。我们村里的一些妇女之前都是接一些手工活，一天也就赚二三十块钱，后来我这边甜茶卖得好，就会去村里收甜茶，我曾经收了一对夫妻9000块钱的甜茶，他们平时都卖不了多少。我这是实打实地帮村人增收，他们看在眼里，态度就变了。而且从2020年开始，全国各地都在引导电商直播，他们才明白原来人家老蒋都做了好几年了，走在很多人前面。

记者：有您这个村子里第一个吃螃蟹的人，现在村里是怎么看待直播、短视频这类比较新颖的事物的？

蒋金春：现在村里甚至我们当地政府，都在积极引导大家做短视频、直播，有一些人在我的影响下，也开始做快手了，比如我侄子不想外出打工，想和他爸爸一起做快手，还有几个在外打工的村里人，也开始在外地做快手。他们只要问我，我就会把我的一些经验告诉他们。其实拍快手没什么门槛，就是要坚持。

记者：我注意到您现在的短视频是和您母亲一起拍的，那您刚开始做快手的时候，您母亲是怎么看待您的？

蒋金春：刚开始我母亲总是说我不务正业，她不知道我拍这拍那到底在干什么。

记者：什么时候她开始明白您是在做正事儿呢？

蒋金春：我们这个小县城大部分都是山区，家家户户都晒笋干，所以在我们这儿笋干不太好卖。我们村有一个残疾人，他的笋干更是卖不出去。有一次我通过直播把自家的笋干卖完了，看到他卖不出去，我就说帮他卖，卖完我从中拿点提成，他说可以，结果100多斤笋干，一个小时不到全卖完了。我母亲知道了，就理解我了。

第二单元
70后草根网红们的"进阶史"

记者：您母亲一开始就愿意出现在您的短视频中吗？

蒋金春：她还是愿意的，我拍了这么多年视频，她也看习惯了，当时我说要让她和我一起拍短视频，她就很自然地融入了。她老人家第一次出镜的时候倒没有紧张，可能是没什么概念吧，她就觉得特别好玩，一直笑。

蒋金春在村民家收农产品

记者：您媳妇是不出镜的，那她在你们这个小团队是负责做什么呢？

蒋金春：她就负责导演、拍摄、剪辑，等等，后期都是她来做，现在直播就是她拿着手机拍，我负责出镜，她也会出声和粉丝们聊天。她从头到尾都坚定地和我站在一起，我们夫妻俩靠自己的努力做到今天。一路走过来，我媳妇跟着我吃了不少苦。

流量时代的受益者

快手搭大台，"三农"主播上台唱；政府牵红线，构建完整供应链；一分幸运九分打拼，有心人天不负。

记者： 您在快手平台也有五年多了，快手官方什么时候很您有过接触的？

蒋金春： 2018年的时候，北京卫视有一档综艺节目《但愿人长久》想找人合作，快手官方就做了中间人，把我介绍过去了，那个时候是快手第一次接触我，给了我一次在综艺节目露脸的机会。

记者： 那么对您这种农村网红，快手官方会为您提供一些培训吗？

蒋金春： 有的，这种培训已经连续三年了，我每年去两次，会有老师教我们怎么拍摄、怎么剪辑、怎么上传，一些基础知识都是他们教我的。他们还教过一些关于运营的知识，告诉我们怎么拍出优质的短视频。

记者： 除了培训之外，有没有给您一些流量上的扶持？

蒋金春： 有的，比如会赠送一些流量券，这个东西是用来吸引流量、增加热度的。

记者： 您某时期的视频里提到一个快手"三农"创作者大会，这个大会是什么？

蒋金春： 这个大会主要是针对我们这些农村网红的，目的是鼓励我们做优质视频，比如说在一段时间内，我做出了优质视频，就会得到一些奖励，一个视频的奖励是 1000 块钱。到了年终，快手官方会对全国各地的农村网红进行评比，谁的内容好，谁就可以获得奖项。

记者：您在家乡做直播带货，影响也挺大的，政府部门是否有过扶助？

蒋金春：我非常感谢的就是政府帮我们解决了这里的网络问题，我和其他村民都是受益者。之前相关部门还帮我对接了一些合作社，帮我搭建起了农产品的供应链。前段时间，县里领导还过来看我，说大家要向我学习。

记者：您销售的农产品收过来之后需不需要再加工呢？

蒋金春：现在我卖的甜茶和笋干是不需要的，因为这是初级农产品，至于其他的东西就需要去企业代工了，比如辣椒酱、豆腐这些，我这边收到后，就发到企业去包装，处理之后我再发出去。

记者：《新闻直播间》报道说您帮助了 50 多个村、400 多户卖山货，最多帮每户每年增 3 万多元，当您在做直播带货的时候有没有意识到自己也为脱贫攻坚事业贡献了一份力量呢？

蒋金春：我只是一个普普通通的农民，谈贡献就太大了，我只能说为村里的脱贫事业提供了一些帮助。因为我觉得只有自己的生活问题解决了,你才能够帮助到别人,我只是在自己力所能及的范围内做了一些事。

记者:如果让您对自己的快手做个总结,你认为您能成为一个拥有 200 多万粉丝的快手主播的原因有哪些呢?

蒋金春:第一个就是有这么好的一个时代,一个互联网的时代;第二个就是有这么好的快手平台,让我这个农民搭上了这趟车,通过自己的努力,有了不错的收入,然后又间接帮我们这里的农民卖一些山货,帮他们增收;第三个就是我们夫妻俩自身的努力,加上一点误打误撞,坚持不放弃。

后记
互联网时代的赶潮人

短视频浪潮袭来，催生了一大批主播。农民主播在主播群体中是比较特殊的一类，因为他们的生存土壤是农村。他们有的靠才艺吸引粉丝，例如本亮大叔；有的靠美食吸引粉丝，例如蒋金春。蒋金春作为一个拥有200万粉丝的快手主播，可以视其为农民主播的典型代表。

蒋金春的短视频能在快手上走红的原因大致可以分为三点：一是人设树立得好。蒋金春的人设是一个性格直爽、略带调皮、喜欢家乡美食的农民，他母亲是一个慈祥、熟知家乡美食的老妇人。他们二人的人设最大的优点就是真实、接地气，符合观众心中对农村母子的心理期待。二是蒋金春向人们展示的是一个充满乡土气息的世界，无论是他的短视频还是直播，背景都是在早田村。这个村子开发程度不高，乡土气息很浓厚，这样一个村子是能够勾起观众心底里的乡愁的，对一部分身处城市的观众来说，很能引发共鸣。三是蒋金春的短视频是有新意的，美食制作在快手上并不稀奇，但蒋金春的视频不是古板的美食教程，而是带有故事情节的，每个视频都会设置简单的小情节，通常是贪吃、调皮的蒋金春向母亲撒娇，母亲宠溺地满足其要求，这一点特别吸引人，观众看到他们母子和谐的画面，内心的情感也会被调动起来。

造成蒋金春陷入瓶颈期的原因也有两点：一是蒋金春所说的大资本运作，这和快手的游戏机制有关。大量的明星、传媒公司涌入短视频行列，花费重金去塑造网红，他们做出来的视频质量高、人设鲜明，在市场上很具吸引力，并且为了保持热度他们会投入大量的广告费，资金投入越多，越容易被推广，这样的趋势在快手前期还不明显，等大量资金集中入场时，就势必会挤占像蒋金春这样自我运营的快手主播的生存空间，这是快手生态在变化。二是蒋金春的内容运营出了问题，这是根本原因。蒋金春的快手号类似一个家庭小作坊，由他、他母亲及媳妇一起组成，这样的团队没有专业的理论和丰富的经验做支撑，是很难做到长时间的内容持续和创新的，正如蒋金春自己所说，短视频是很容易过时的，如果总是拿不出让粉丝眼前一亮的内容，就会被淘汰。虽然今天一直说流量很重要，但要想有流量，就必须有好的内容。没有高质量的内容，就无法吸引粉丝，没有粉丝就没有流量，直播也会很难维持。

蒋金春该如何突围？第一是平台的扶持，平台面对资本涌入的现状不能袖手旁观，必须要去扶持这些自己运营的优质快手号，包括给他们一些专门的流量扶持，或者对他们进行培训，要提高这些主播的生存能力。第二个就是主播自己要试着突围，可以借鉴比较新颖的主播的经验做法，找到适合自己的道路，并且一定要坚持，绵绵用力，久久为功。

快手主播之道

彼得洛夫董德升

◆◆◆◆◆

快手账号：彼得洛夫董德升
　　　　　大叔爱美食
标签：农民、群众演员
粉丝量：219万
采访记者：李晓建

记者手记

"彼得洛夫"是董德升的俄罗斯名，他的太爷爷老彼得洛夫曾是俄罗斯帝国末代皇帝尼古拉二世的骑兵团团长。俄国十月革命爆发后，老彼得洛夫赶着马爬犁携一家四口逃难至中国东北并在边境线上的逊克县安家落户。董德升已是第四代俄罗斯族后裔，他拥有八分之七的俄罗斯血统和八分之一的汉族血统。湛蓝的瞳孔、金黄的发丝、挺拔的鼻梁……曾经这与众不同的脸庞让他备受困扰，而今他这张典型的俄罗斯面孔与满口大碴子味儿的东北话进行混搭后让他圈粉无数。小时候他爱打听从前的故事，于他而言，家族历史是内心深处最柔软的记忆，但黑龙江对岸只是太爷爷和爷爷生活过的地方。虽说俄罗斯族是俄罗斯移民的后裔，但经过百年的发展，他们早已形成了自己的民族特色，他们的外貌特征、风俗习惯都已不是先人原来的样子。董德升希望让更多的朋友认识并尊重他的民族，面对网友的好奇，他一次次地解释："我是中国人！"

他是一个地地道道的农民，每年家里黄豆和苞米的产量能达几万斤。让我感到诧异的是，这个生活在田间地头的大叔，为何总能开着农用拖拉机赶上一次又一次新媒体的潮流？2016年6月，董德升开通了自己的新浪微博，第一次在自媒体平台上拥有了自己的粉丝；2018年，他的快手账号上线了，两年多的时间让他坐拥200多万粉丝，让他成为快手平台最火的农民网红之一；2019年，他进军了抖音平台，在那里他和他的故事依然被网友们所喜爱，截至目前已获140余万粉丝及2000多万点赞。他说自媒体改变了他的生活，最直观的就是零花钱变多了，但对于赚钱这件事，他有自己的原则。

他是个爱玩儿的大叔，上综艺、拍电影，但从没想过做个好演员，只想做个好群演。

正月十五刚过，董大叔又开始忙活起来了。在前往吉林的高铁上，他接受了我们的专访。

我从没想过做个好演员种地才是我的专业

记者：您好，董大叔，我看您正在高铁上，听说您又要去拍戏了？

彼得洛夫董德升：哈哈哈……是的，今天去吉林拍电影！

记者：这次是一个什么样的角色？

彼得洛夫董德升：这次是个小配角，演个副厂长。

记者：这次是受邀参演的还是自己报名的？

彼得洛夫董德升：这次是朋友的朋友找我去演的。

记者：我了解到您之前参演过的影视作品类型非常多样，您都拍过哪些作品？

彼得洛夫董德升：首先是 2013 年，我拍了一部叫《彼得洛夫的春节》的纪录片，这部纪录片是在我们家拍的。后来是 2015 年，我参加了真人秀节目《我们 15 个》。我上的综艺节目和新闻节目比较多，比如央视的《幸福账单》和《黄金 100 秒》都上过，这不刚刚《幸福账单》又来联系我了。我还拍过七八部电视剧和三部电影，不过几乎都是群演，而且有两部电影还没上映。

记者：我们先从 2013 年的纪录片开始说起，那次拍摄可以说拉开了您演艺生涯的序幕。据我所知，导演在找到您之前还找了别人，别人拒绝了，但是您答应了，您当时是怎么想的？

彼得洛夫董德升：当时就是看他们仨挺可怜的。我记得当时是农历腊月二十八左右，屋外零下几十摄氏度，天下着大雪，他们找了好几户人家，都没答应他们的请求，要是我再不答应他们，他们可能就放弃了。我看他们都是学生，两个本科生，一个研究生，在外面扛着摄像机很不容易，我就答应了。因为我自己也有孩子，我也希望我的孩子以后上学要是遇到困难能得到别人的帮助。

记者：他们在您家拍摄了多久？

彼得洛夫董德升：从腊月二十八开始，一共拍摄了4天，年夜饭还是在我家吃的。后来2015年我报名参加真人秀，李超（《彼得洛夫的春节》导演之一）还回过头来帮了我呢，那时候他已经在腾讯公司工作了，他给我把了把关。

记者：后来上真人秀节目的机会又是怎么来的？

彼得洛夫董德升：2015年的夏天，我在家玩电脑，偶然看见屏幕右下角跳出来一个广告，上面写着真人秀节目《我们15个》招募素人嘉宾，我看到后就点进去了。我一看这个节目的规则是PK，每个月都要淘汰一个嘉宾，用我们东北话来说就是"干仗"，这我就来劲了。报名后我特地从东北去浙江桐庐面试，最后果然被选上了。

记者：您要去这么远的地方参加节目，您的妻子支持吗？

彼得洛夫董德升：我们都是农民，刚开始也没接触过这些东西，她听完之后也觉得挺好玩的，所以挺支持我的。

记者：我知道您后来又参加了很多综艺，参加那些综艺有出场费吗？

彼得洛夫董德升：没有钱，但是吃、住、路费都会报销。之前有一个节目邀请我过去，但是什么也不管，我拒绝了。后来他们又联系我说可以给我申请经费，我还是拒绝了，一来我不想搞特殊，二来这让我不开心了，不开心了我就表现得不好，表现得不好就达不到理想的效果。我是有原则的，我参加任何一个节目可以不挣钱，但是我也不会搭钱。

记者：您刚开始参加那些综艺节目的录制能适应吗？会不会紧张？

彼得洛夫董德升：刚开始会紧张，因为要上台，而且咱没什么才艺，不过后来参加多了就能适应了。我上的第一个综艺是央视的《黄金 100 秒》，当时节目组给我找来老师教我跳舞，别人看看都看会了，我就是学不会，等到八组选手一起上台的时候，我的腿就直哆嗦。在这之前《越战越勇》节目组也联系过我，他们让我上去唱歌，我说我不会唱歌，他们非要让我练一练。后来我练了两个月，他们让我试着给他们唱一下，我唱完第二句他们就再也没联系过我了。

董德升参加央视《开门大吉》

记者：在央视的荧屏上看到自己是什么感觉？

彼得洛夫董德升：挺不好意思的，但是很兴奋，我还拍了视频呢！毕竟央视是中国最大的舞台。他们都说我光宗耀祖，祖坟冒青烟了。

记者：您还参演了很多电影，但是群演做得比较多，想不想演一回主角让更多的人认识您？

彼得洛夫董德升：我不想做个好演员，我只想做个好群演。这个想法我从来没动摇过，因为做群演轻松自在跟过家家儿似的。我都快50岁了，有好的机会让我去玩一玩就行了。人不能把自己想得太高了，我知道我就是一个种地的农民，因为有了这张特别的脸，出于某些角色的需要才让我去的。以前有人找我演个配角，我先问台词多不多，要是台词多我就不演。因为一旦有台词，你就得配合你的眼神、动作、表情，等等。我不是专业演戏的，所以在演戏这件事情上，只要给我管吃、管住、管路费就行了，我就当免费出去旅游。你要是问我怎么种地，那方面我才是专业的。我玩心很重，特别喜欢跟我们那帮兄弟一块儿出去玩，人多特有意思。

记者：您都去过哪些地方拍戏？

彼得洛夫董德升：还挺多的，像东三省的沈阳、哈尔滨，再往南去过北京、横店、无锡。我都是趁农闲的时候出去拍戏，一年也就拍三四次。

记者：您现在还会回老家种地吗？

彼得洛夫董德升：那必须的，我计划种到55岁。我今年的肥料都买来了，4月份我就回老家，这次要是4月份找我拍戏，我是不会去的。每年的春种、秋收时节我哪儿也不去，4月、5月、10月、11月中上旬我都在老家。现在我们种地都是机械化，手种的话种不过来，机械化播种还得种上15天呢。

记者：所以您的工作重心还是以务农为主。

彼得洛夫董德升：对！因为我本身就是农民，喜欢种地，现在种地也不太累。

董德升做群演

我是中国人，
黑龙江对岸只是爷爷生活过的地方

记者：您曾说过面孔给您带来过困扰，这种困扰表现在哪些地方？

彼得洛夫董德升：以前不太愿意出门。当群演的时候，总有人叫我们"二毛子"，我很反感这个词。从小因为这个词，我和别人打了无数次架。如果别人问我是哪个国家的人，或者问我是不是混血，这种问法我都可以接受，但是一上来就无礼地问我是不是"二毛子"，就会让我非常愤怒，这是一个侮辱性极强的词。

记者：在您成长过程中，它对您的心理影响大吗？

彼得洛夫董德升：身边和我一起长大的人，熟的人知道我就长这样，但是有些和我关系不好的人，就会骂"二毛子"，挺难受的，那必须打架。

记者：现在还会有这种困扰吗？

彼得洛夫董德升：现在不会，今天早上到现在已经5个人认出我了，就连刚才那个列车长都认识我。我戴着口罩，列车长走过来问我是不是中国人，我点点头，他就拿着手机问快手视频里的人是不是我。以前这副面孔确实困扰过我，让我觉得自己不如别人，想变成一个普通人，但是现在我要是说想换掉这张脸,那肯定是假的,至少这张脸让我的生活变得好了。

记者:这种心理上的转变是从什么时候开始的?

彼得洛夫董德升:其实也是 2009 年当了群演以后。因为我本身是个农民,原来只能看电视,但长了这张脸,我还能上电视了。这让我感受了不一样的生活,还能在剧组里见到真人明星。

记者:您是第四代俄罗斯族后裔,在您的成长过程中有没有受到俄罗斯文化的影响?

彼得洛夫董德升:没有。我的前几辈还会说一点俄语,但是到了我们这辈就一点儿也不会了。我的爷爷当时就认为到了中国就是中国人,是中国救了我们全家,所以他禁止晚辈说俄语。

记者:您去过几次俄罗斯?

彼得洛夫董德升:我去过三次,一次是拍纪录片,一次是拍电影,一次是全家去旅游。

记者:在您心里,那是一个什么地方?

彼得洛夫董德升:那是爷爷的老家,是爷爷生活过的地

董德升一家在俄罗斯的合影

第二单元 70后草根网红们的"进阶史"

董德升全家合影

方,是太爷爷曾经叱咤风云又落魄的地方,没有别的想法了。

记者:我记得在俄罗斯拍摄的纪录片里,您流泪了,是什么触动到了您?

彼得洛夫董德升:那次我是在俄罗斯的凯旋门,尼古拉二世在建凯旋门的时候,我太爷爷作为他的骑兵团团长也处在最辉煌的时候,但是最后他举家逃亡,非常落魄。当时我站在那里,想到我太爷爷他们就掉眼泪了。

记者:您当时说孩子们不懂您,他们怎么不懂您?

彼得洛夫董德升:他们对这些没有概念,不像我从小喜欢听、喜欢问、喜欢了解,好像到了他们这代那些记忆就断了。

记者:您还是希望那些记忆能在他们这代得到延续,是吗?

彼得洛夫董德升:后来想想算了,我想让我儿子了解家族的历史,但是我好像管不了我孙子。慢慢地,这样的记忆会越来越淡化。

记者：您会觉得遗憾吗？

彼得洛夫董德升：有点遗憾，但这是历史的车轮，没办法。

刚开始我才不想玩呢，
但我每一次都火得莫名其妙

记者：您第一次觉得自己火了是什么时候？

彼得洛夫董德升：应该是 2015 年参加真人秀之后。虽然那时候手机少，看的人不是太多，但是已经有很多人认识我了。2016 年 6 月的时候，我刚发第一条微博就涨了好几千个粉丝，后面每条微博的阅读量都有好几万。

记者：那时候为什么会想到开通微博？开通微博的目的又是什么？

彼得洛夫董德升：那时候我也不懂啥是微博，只知道真人秀里的好朋友很多都开通了。他们告诉我在微博里能与他们直播连线，还能看到粉丝们的留言，我觉得挺有趣的。后来，画家訾鹏就帮我注册了微博。

记者：微博开通后您都发什么内容？更新得频繁吗？

彼得洛夫董德升：其实也就是偶尔发发照片，分享一下自己的生活。

记者： 我看有报道说您那时候已经开始在微博卖货了？

彼得洛夫董德升： 因为这事儿我还跟我媳妇儿吵了好几次呢！其实最开始是在微信上卖，因为我下了真人秀节目后就有了自己的粉丝群，有粉丝好心教我媳妇儿怎么开网店，还帮我们建了微店，我媳妇儿就在微信上卖东北特产。我记得特别清楚，我们第一单卖了4斤蘑菇，微博开通后又在我微博上卖。我是不太乐意的，因为不想消费粉丝。

记者： 快手是什么时候开始玩的？

彼得洛夫董德升： 我的快手是2017年9月我媳妇和我儿子帮我申请的，但是一开始我不愿意玩，也不愿意看，我媳妇帮我玩了4个月。

记者： 您媳妇为什么会主动给您注册快手？

彼得洛夫董德升： 因为后来微博热度没有以前那么高了，粉丝也不怎么涨了。再后来也是有粉丝告诉我媳妇说可以给彼得注册一个快手，在快手上开直播。那个粉丝劝了我媳妇一下午，最终把我媳妇给说服了。其实我有今天的成绩挺感激那个粉丝的，但是现在找不着她了。

记者： 那您刚开始为什么不愿意自己玩？

彼得洛夫董德升： 我才不想开呢！那时候我有几个朋友已经开始玩快手了，他们也劝我一起玩，说我辨识度高，但是那时候我心里是有顾虑的。参加完真人秀，我有了一些喜欢我的粉丝，也吸引了一些不喜欢我的黑粉。我这人本来挺爱玩儿的，但要是看到有一个人骂我，我就难受。有的人说话特别难听，我很难克服自己心里的那道关卡。

记者：那您媳妇都替您发哪些内容？

彼得洛夫董德升：比如我在北京玩，她让我拍一些照片和视频给她，她再帮我发到快手上。我回家了，她就拍我干农活，也拍我姑娘。那时候她也没好好玩，热度也不高。

记者：后来您又为什么决定自己亲自去玩了？

彼得洛夫董德升：时间到了 2018 年 1 月份，别人邀请我去俄罗斯拍戏。那时候我快手上总共就 137 个粉丝。我媳妇就问我，虽然只有 137 个粉丝，但有哪个人是骂你的？这时候我才正眼去看我快手上的视频，主要看视频底下的留言。果然留言里真的没有一句骂我的话。后来我媳妇跟我说，你这次去俄罗斯，不如带着这 137 个粉丝去感受异域风情。这时，我心里的包袱才真正放下，也就是那时候，我媳妇才正式地把我的快手号转给我自己。后来到了俄罗斯，我发现那里的很多东西都和我们不一样，比如它的电线杆是方的，电线杆上的小广告是胶带粘的，我就把这些拍下来发到快手上。让我没想到的是这个视频突然上了热门，我的粉丝数从原来的 137 个变成了 5000 多个，点击量从原来的几百变成了 10 万。

记者：突然有这么高的热度是什么感觉？

彼得洛夫董德升：我自己都蒙了。在俄罗斯的几个视频上了热门，就让我喜欢上了快手，也喜欢上了拍视频。当我发的视频有几万人在看时，我心里真是挺高兴的。

记者：那从俄罗斯回来之后，热度还能保持吗？

彼得洛夫董德升：确实，回来之后的两个月，只涨了两千粉丝。第二年春天的某一天，我开着我的车去平整土地，随手拍了个视频，发完之后也没管它，到了第二天，我上另外一块地干活，我媳妇给我打电话说粉丝破万了。当时地里没有信号，我自己也看不了，晚上回家一看，粉丝涨到了2.8万。那时候我悟出一个结论，原来拍种地的视频也挺多人喜欢的，那我以后

董德升生活照

就拍这些。

记者：您热度最高的视频是哪一个？

彼得洛夫董德升：应该是 2018 年 12 月的一个视频，那个视频拍的是我和堂哥中午干完活在山上配着小菜喝俄罗斯大白熊啤酒。其实我觉得拍得不怎么样，拍好两三天了也没想发，过了几天感觉没啥东西可发，我才把那个视频给发出去了。真是让我没想到，那个我不想要的视频一下子上了热门，让我的粉丝直接从 6 万多涨到了 12.8 万。

记者：您认为大家为什么喜欢您？

彼得洛夫董德升：其实我认为有两点原因：一开始是好奇，谁也没想到一个外国人脸，一张嘴东北话说得这么溜。再一个原因可能跟我这个职业有一定的关系，关注我的粉丝里种地的农民挺多的，那些生活在高楼大厦里的人，他们也喜欢我这充满乡村风土气、有山有水有树林的生活，还有的人说喜欢我的朴实，反正就是多种原因吧。

记者：您说刚开始的时候会怕恶意的评论，现在还会有这样的顾虑吗？

彼得洛夫董德升：有，现在也有。虽然大部分的留言都是善意的，但还是有一些不合适的言论会左右我的情绪的，比如有的人故意在直播或者是在我拍的视频底下留言问我爱不爱中国，我就是一个中国人，我不爱自己的国家我爱哪儿？这些都会让我看着心里很不舒服。你看还有很多人就说，你彼得现在有钱了、变了，说我不是原来那个彼得了。其实我也没感觉我变了，可能是自己没感觉出来，人家看出来你变了。

记者：如果说人没变，那生活有什么变化吗？

彼得洛夫董德升：那太多了，首先最直观的就是零花钱比原来多了，哈哈哈……也会给我带来很多乐趣，我自己拍的搞笑视频，没事的时候也会看一看。当我看到好的评论，心里也会很舒服。你看县里宣传部和网信办也会经常找我，通过快手这个平台我也能把我的家乡和俄罗斯族这个民族往外宣传宣传。这都是快手给我带来的。

记者：您会不会参与一些线下的宣传活动？

彼得洛夫董德升：线下倒没有参加太大的活动，县里和市里的丰收节、中俄文化大集这些活动我都去过。

记者：您的儿子新阳在上大学，他的同学们知道他爸爸是网红吗？

彼得洛夫董德升：知道，太多人知道了。2018年9月份我送我儿子去湖北的三峡大学上学，走的那天我在他们学校拍了个视频，这个视频一下子就火了，还被他们学校官方网站给用上了。就这样，整个三峡大学都知道这是农民网红的儿子。

记者：这个视频为什么会火？

彼得洛夫董德升：那天临走前他们正好军训，我去他们军训场，底下有两三千人都穿着迷彩服，我也找不着他，他也看不见我，我就顺手拍了个视频和他说再见，差点没掉眼泪。后来那个视频是当时他们学校点击量最高的，高到他们学校前面所有的视频加一块儿都没有这一个视频的点击量高，还把别的视频的热度也给带起来了。当天下午他们学校的记者就要采访我，但是那时候我已经到四川了，他们就采访了一下我儿子。就这样，他们学校很多人都知道这是我儿子。

记者：孩子们的性格随您吗？

彼得洛夫董德升：我儿子有点内向，你看他很少出现在我的视频里，也不和我一起直播，除了不得不出现的时候。女儿性格随我，心大、不管不顾，学习啥也不是，跟我一样一样的，这就是我姑娘，一定错不了。

记者：您希望他们以后成为什么样的人？

彼得洛夫董德升：女儿吧，我想让她留在我身边，就在跟前找一个得了，她爸爸也没什么大出息，我还是想让她再继续找个农民，比较稳定。如果她也干这个，我还能教她，还能把我家的地都给她，因为我年龄大了，到55岁以后就不种了。我儿子呢，我倒是希望他上班，从事他本专业的工作，但是我希望我儿子在北方，不希望他在南方，毕竟北方人不太适应南方的生活。南方太远了，要是在北方我想见他的时候，东三省一天一宿都能跑得到，所以我不希望儿子离太远。不过这只是我的想法，我不会左右孩子，他们要是不愿意也没关系。

我从不打 PK，
我们谁挣点钱都不容易

记者：您现在是快手官方签约的主播吗？

彼得洛夫董德升：没有签，虽然签了之后它会给我一定的流量扶持，但是我不太喜欢在玩的过程中被合同所约束的感觉。

记者：您对自己视频现在的流量满意吗？

彼得洛夫董德升：不太满意，毕竟相比之下 2018 年的热度比较高，现在没有以前那么好了。不过谁也不可能火一辈子、好一辈子是吧？明星有几个能火一辈子的？流星太多了，很多都是一首歌火了，到后面就没人知道了。我现在都不怎么会拍了，2018 年点击量少于 40 万的视频都让我给删了，但是现在好多视频的点击量也只有 20 多万了。我在农村的时候拍钓鱼、种地，这些视频的点击量还是可以的，但是冬天就很尴尬，冬天我们也没什么可拍的，只能拍平时吃饭、做个菜、弄点儿当地的特色，我都不会拍视频了。

记者：我看您在直播的时候说请大家帮忙点小心心，其他什么都不要，为什么不让大家给您刷礼物？

彼得洛夫董德升：我们谁挣点钱都不容易，是不是？你给我打赏，你自己的零花钱就少了，还不如自己买点烟、买个酒，给孩子买个 iPad。原来那些给我刷大礼物的，刷多了我直接连直播都不开了。因为我比较好喝酒，所以我知道有时候粉丝给我刷礼物，他其实是喝多了。这种情况下少刷一点还可以，但刷多了第二天可能会后悔。我也有过这种情况，比如我看一个主播直播，特别是他打 PK 的时候，我就帮他使劲刷礼物，但第二天会后悔的。你看我从来不打 PK，我知道有很多主播打 PK 都是提前先联系的，他们会故意在直播间"整急眼"，然后就"干仗"，有的还骂骂咧咧的，最后带动起粉丝的情绪给他们刷礼物。如果

秋收季的董德升

我看见我关注的人这样做，我会把他取关了。这都是作秀，所以我从来不打 PK。

记者：我看您朋友圈转发了一个视频，那个视频说您光靠网友的打赏，一年就有几十万的收入，但是您好像并不认可？

彼得洛夫董德升：那根本就是在给我吹牛，没有那么多。以 2019 年和 2020 年情况比较好的这两年为例，一个月打赏最多也就是 1.5 万元左右，最少一个月挣 6000 元，平均下来一个月也没有 1 万元，今年更不行了。

记者：那您现在主要的收入还是靠卖货吗？

彼得洛夫董德升：对，是的。我租了一个店面，但是产品主要在线上卖，快手和抖音都有，抖音是从今年（2021 年）一月份开始卖的。我们当地县政府和乡政府都出台了一些很好的政策来扶持我们做电商直播，鼓励我们带动地方经济，宣传家乡特产。他们还拿我做标杆，总之在俺们逊克县，我带货是最牛的哈哈哈……

记者：您都卖哪些产品？自己家的农产品在直播间卖的多不多？我看有报道说您去年丰收季家里的黄豆收成达 3.5 万斤，玉米产量更是达到了 15 万斤。

彼得洛夫董德升：家里的粮食在网上卖的很少，在网上卖的都是精品，品质比我自己选的种子还好。我不怎么在网上卖黄豆，因为除去人工挑选、邮费、包装这些环节的成本，每袋只能挣五六块钱，顾客还会觉得很贵，到头来几乎是白忙活一顿。我要是当毛粮卖两块八一斤，上午装完车，下午钱就到我手里了，这样更方便。现在直播间卖的蘑菇、木耳这些农产品倒是我自己去采的，也有在屯子里收购的。

记者： 现在上门让您帮忙卖产品的厂商多不多？

彼得洛夫董德升：太多了，但是我不了解的东西我不带，我都会拒绝，万一有什么指标超标的问题，咱一下子就砸锅了。如果答应帮人卖货，别人就会把货邮寄过来给我们品尝。吃人家的嘴软，拿人家的手短，挺不好意思的。

记者： 我看您家里还囤了很多进口的俄罗斯啤酒，这款酒是您自己选的货还是别人找上门的？

彼得洛夫董德升：其实我挺适合带酒的，因为我自己是个好喝酒的"酒鬼"。一开始我带的是我们当地的蓝莓酒，一年卖了一千多瓶，效益不是特别好。后来这款俄罗斯啤酒的全国总代理联系了我，我亲自尝过之后发现这款啤酒的口感真不错，比我喝过的任何俄罗斯啤酒的口感都要好，所以最后我就带了这款酒。我去年卖得最多的就是啤酒了，卖了一万两千多单。年前要不是断货了，我还能再卖两三千单。现在我一开播大家就问我有没有这款酒，我简直成了这款酒的代言人了。

记者：您今天出来拍戏，店里有人帮忙吗？

彼得洛夫董德升：店里现在是仨人，过完年是最淡季，生意没那么好，每天只有几十单，年前销售量每天最低都有一百多单，有的时候能达到两百多单，加上我媳妇一共四个人在帮忙。

记者：我看您店里卖的商品以东北特产和俄罗斯产品为主，顾客分布会不会也是以北方顾客为主？

彼得洛夫董德升：的确是这样的，相对来说东三省以及山东、河北、河南的顾客多一些，南方的也有，但还是较少的。

记者：总体来说这个业绩您觉得理想吗？

彼得洛夫董德升：跟别人比不行，我们毕竟是一个边境的小县城，但是跟我们当地其他人比还算可以了，一个月平均收入上2万是没问题的。

记者：我看您在直播带货的时候不会像很多主播一样卖力吆喝，别人问什么商品，您才会说什么商品，别人要是不问，你也不说。

彼得洛夫董德升：对，我从来不嗷嗷叫，我主要以聊天唠嗑为主。因为东西在那里挂

着，你需要什么，我就给你介绍什么，也不会夸大其词说这东西有多便宜、多实惠。我会实事求是地介绍这东西的价格、产地、是否野生、有化肥还是无化肥，是什么就是什么。

记者：那您觉得像他们那样卖力吆喝销售额会更高吗？

彼得洛夫董德升：那高多了，有时候的确需要带动。你看有的人快手200多万粉丝，一年挣个几百万很正常。我一年也就是几十万，是他们的十分之一，连"老肥"都比不过。"老肥"也是我们黑河地区的，他70多万粉丝的时候，我粉丝是他的三倍，但是我卖东西的销售额却是他的一半。

记者：我看您每次直播，一开播就是三四个小时，会不会累？

彼得洛夫董德升：要看心情。你让我带货我就感觉很累，比如去年我带了20多次我们当地的逊克玛瑙，每次直播三个小时我都要冲三杯咖啡来提神，最后弄得心力交瘁，真的很累。你要是让我闲扯淡、唠嗑，我还上瘾呢！再比如说钓鱼的时候，让我播半天我都可以。

记者：您直播有没有固定的时间？

彼得洛夫董德升：唉，我这也是没有办法。我原来直播特别随机，两三天播一次，而且从来不带货，也不介绍什么产品，所以那时候我很开心。现在说句实话，我还是有目的性的，主要是店里雇了两个人，我们雇人是按小时算钱的，10块钱一个

小时,有货的时候她们还能来干活,每天挣个几十块钱,多的时候能挣个上百块钱。我要是不直播、不带货就没人买东西,没人买东西她们就只能闲着。这些客服有的跟着我半年了,有的跟着我一两年了,大家关系都挺好。我也是想让她们多少挣点钱,因为她们家里孩子都还在上学。我也希望哪天直播不行的时候,别人提起彼得会说这个人还可以,别让大部分人骂我就行。

记者:2021年您有没有新年计划?

彼得洛夫董德升:前两天有一个节目问我过去五年有什么变化,未来五年有什么计划,说句实话我连一年的计划都没有。我就是按部就班随便过,不会让明天的烦恼影响我今天的心情。

后记

  作为国内头部短视频社交平台,快手凭借其功能强大、操作简便、内容多元等特点顺应了多种用户群体的媒介使用习惯,为乡村用户提供了自我呈现的舞台,为城市用户提供了打开手机看风景的窗口,也为乡土文化的传播提供了全新的渠道。对于这一点,农民网红董德升很有发言权。

  董德升觉得自己的火是在意料之外,其实是在情理之中。他出圈的理由在于: 一是拥有鲜明的人物特征,包括他的新农民形象和人格魅力。不少粉丝最开始关注董德升是因为他的俄式面孔与东北方言之间形成了打破常规的反差,但更深层的原因之一是他在公众平台所展现出的新农民形象。董德升虽然文化程度不高,但从一开始的微信、微博到现在的快手和抖音,这个来自边疆乡村的农民总能赶上新媒体时代的东风,成为网民快乐的源泉和农民致富的典型。他爱玩、敢玩,从"看电视的人"到"上电视的人",他总有办法突破现有圈层的壁垒,刷新大众对农民群体的刻板认知。如果说认识他是因为外表和故事,而喜欢他则是因为他的人格魅力。性格幽默、为人朴实、恪守原则是他一次又一次出圈的法宝。直播带货是快手主播变现的主要方式,与其说带的是"物品",不如说带的是"人品"。

他总能给粉丝带来接二连三的惊喜。二是其视频内容呈现了有趣的乡村生活图景。正如董德升在采访中所说，那条他无心发出的记录农村生活的视频，却是他有史以来热度最高的一条视频。那条视频的爆火让他明白了要将自己的定位确立为以呈现日常乡村生活为主。他将自己的粉丝归纳为两个群体，分别是职业、生活环境上与他相似的农民群体和差异性较大的城市白领或知识分子群体。农民群体观看他的视频是因为有身份上的共同性、心理上的接近性、生活状态上的相似性，而城市白领、知识分子群体的关注主要是因为乡村生活类的视频具有内容上的趣味性，画面中所呈现的乡村美食美景、农忙劳作、风土人情，能让他们暂时跳脱固定单一的现实生活，满足了他们的精神需求。

在与董德升近两个半小时的访谈中，欢乐与感动并存。他憨厚的笑容、质朴的表达、洒脱的性格深深地触动着我。他真正诠释了快手所传递的理念——"拥抱每一种生活"，让人生寻求到了更多可能性。

于新伟

✦✦✦✦✦

快手账号：牧野繁花—守山大叔
粉丝量：184.5万
标签：农民
采访记者：熊根辉

记者手记

闭眼倾听，"轻轻的我走了，正如我轻轻的来……"低沉浑厚的嗓音在田野间流淌，使听者如沐春风；睁眼打量，这才明白为何网友们总是调侃于新伟是天使的嗓音，魔鬼的脸庞。今年45岁的于新伟头顶"地中海"，面容沧桑，看上去比实际年龄要大一轮。详细翻阅他的生平，这才明白，他脸上的褶子里藏的是经年累月的心酸往事。透过屏幕与其对视，本应布满沧桑的眼眸竟如一汪清泉，清澈透亮，都说眼睛是心灵的窗户，我能看到他的赤子之心。他的前半生充满了坎坷，但他的人生却并不灰暗，歌声是他人生的一抹亮色，一如既往地坚持，终究迎来了生活的高光时刻。既然生活都无法打败他，那就让他在田野间尽情放声高歌吧！

爱唱歌的山里娃

这儿一沟那儿一岔，于新伟长于山脚下；辉煌时刻家家有，山里娃竟是干部子弟；老父亲两袖清风，起于野隐于野；踏歌从戎去，书信伴歌回；才气内敛，好嗓音无用武之地。

记者：大叔，我看您的短视频，您的房子好像特别旧，这是您家的老房子吗？

于新伟：我们的老房子是一个四合院，早被拆了，这个房子是我8岁的时候搬过去的。我家包括我在内一共有6个孩子，我排行最末，上头只有一个哥哥，后面我哥结婚了就从院儿里搬出去了，这个房子就我住着了，到现在这房子有小四十年了。

记者：您家是不是在大山里头，离别人家特别远？

于新伟：不是，我们家就住在山脚下，离村里其他人家都不远。我们这里是山区，这儿一沟那儿一岔的，整个村200来户人家就这么散落在一条大山沟里，从一开始有人家到没人家，有8里地呢。

记者：那您家应该好几代都住这个山沟里吧？算得上地道的农民家庭了。

于新伟：我其实出生在一个干部家庭，因为我父亲曾经是区委书记，一个区下辖三个乡镇，当时权力挺大的。

记者：那为什么在您身上看不到一丝干部子弟的样子呢？

于新伟：因为我父亲为人特别正直，他没有用手里的权力为自己谋过私利，直到现在，父亲都是我的榜样。我们家6个孩子，全部都在种地。我父亲生我的时候已经47岁了，那时候我太小，对我父亲做区委书记的事没什么印象，只有我父亲退休后在家干农活的时候，我才记得最深，上山下地，没有他不干的活，所以在我的印象中，我家和普通的农民家庭没什么两样。

记者：您父亲当年做了区委书记后，真的就没有想过为子女谋个更好的出路吗？

于新伟：真的没有。我后面听说我们这儿的广播站那时招人，只有一个转正名额，竞争的人有两个，其中一个是我大姐，这个时候秘书来问我父亲让谁走，其实按我大姐当时的条件这个名额是当之无愧的，但我父亲正直到把这个机会给了另外一个人。

记者：听您这么说，您大姐接触过广播，这对

于新伟在家门前唱歌

您的成长有没有产生过什么影响呢?

于新伟：没什么影响，因为我大姐大我太多了，我还没到 8 岁我大姐就嫁人了，而且那时候的广播就是一个喇叭、一张纸片，纸片底下有一个小圆圈，家家户户挂在房檐上，用来收通知的，和今天说的播音没啥关系。

记者：基本上所有的新闻报道，都说您从小喜欢唱歌，是这么回事吗？

于新伟：是的。我在十多岁的时候就喜欢唱，有一回在田里种地，我自己"嗷"一嗓子唱起来，还把身后的老父亲吓了一跳，父亲问我怎么了，我说一高兴就唱个歌。

记者：您小的时候都唱些什么呢？

于新伟：比如《歌唱二小放牛郎》，还有一些电视剧主题曲。那时候我家没有电视机，得走个 5 里地去别人家看，当时放的是《西游记》，还有新加坡的一些电视剧，到后面就是《新白娘子传奇》，听了这些电视剧的主题曲就会哼几句了。

记者：您后来是因为朗诵了一首《再别康桥》火的，那您小时候有朗诵的爱好吗？

于新伟：会来那么几句。我特别喜欢文言文、散文、诗歌，比如鲁迅的《在仙台》《从百草园到三味书屋》，还有如《出师表》《桃花源记》等。我这人比较健忘，但这些文章到现在我都记得。

快手主播之道

记者：男孩会有一个变声的过程，您什么时候开始意识到自己的声音条件比别人好的呢？

于新伟：我没这个意识，一直到现在我也没觉得我的声音特别，不能理解为啥能这么火，说我字正腔圆，我觉得可能是我们这儿的方言很接近普通话。

记者：您初中毕业就没有再念书了吗？

于新伟：是的，初中我念了五年，留级留了两年，后面念不下去了。初中毕业之后我就19岁了，去做了3个月的建筑工，拿回来200块钱，到年底我就当兵去了，当时我是侦查专业，后来做了一名炮兵。

于新伟和妻子

记者：我在报道上看到，您当兵的时候还录了一盘磁带给您父亲听，有这么回事吗？

于新伟：对，我本来就很喜欢唱歌，再加上我们有个广东战友，他有个小录音机，我就借过来听歌和录歌，那时候刘德华、张学友特别红，我就跟着唱，学一些香港歌曲。主要当时当兵特别想家，写信的时候就顺手录了一个。

记者： 在部队的时候，有特别多的机会来展示您的歌唱能力吗？

于新伟： 我们部队编制小一点，唱歌活动也很少，只有过年的时候在小联欢会上唱一个，除了这个之外就没什么机会了。

经历社会毒打的打工人

跳出军营入社会，于新伟成打包小伙；寒门小伙情窦初开，却因家贫好事黄；今朝地中海，从前竟是理发人；年岁渐长难成家，外出打工觅良缘；有缘千里来相会，夫妻二人喜结连理；时不来运不转，夫妻二人创业失败。

记者： 您退伍后都做过什么呢？

于新伟： 我1997年退伍，那时候22岁。退伍之后我就在北京雅宝路做打包的活儿，货主来进货，我们打包装车发走，这个事儿干了四年。后来老板的一些亲戚过来了，我们这些外地的就待得不好受了，我就辞职了。

记者： 根据一些资料来看，您在这段时间还相了个对象？

于新伟： 对的，有人给我介绍了一个邻镇的，结果黄了。因为她家条件比我家好不少，她家里头说要娶她得盖新房子，不盖房也可以，但是要拿出5万块钱交到女方的手里头，然后盖房的时候拿出来。5万块钱对我来说不是个小数，所以就黄了。

记者：没做打包之后您去干什么了呢？

于新伟：我在北京学了一个月理发，然后回镇上开理发店，结果我们镇人口不多，开了几个月，没啥生意，我就又出去打工了。

记者：才开了几个月的理发店啊，那开店的成本都收不回吧？

于新伟：还好，当时镇上房租挺便宜的。主要是因为那会儿我都26岁了，还没对象，觉得出去打工可能机会多点，可以找找对象，就又去了北京。我做的是油漆彩画，在古建筑物房檐下做彩画，我们的画都有谱子，师傅在牛皮纸上画完了之后，用针扎出来，然后到屋檐底下需要画的地方，用滑石粉把谱子包起来一拍，就有印儿了，对着印画，这个我们叫规矩活。

记者：那您到北京找着对象了吗？

于新伟：找着了。当时我们村里有个人在顺义打工，他打电话说要给我介绍对象，就是现在我媳妇。我俩谈了一年半结婚了，结婚的时候我都29岁了。起初我岳父也不太愿意，其实他们家条件跟我们家差不多，但是总想着让女儿嫁一个好人家。我媳妇跟我过这些年，也没过什么好日子，也就这两年好了点。

记者：结了婚之后您和您媳妇是怎么规划未来的呢？

于新伟：我们俩结婚之后回了老家，我媳妇也会理发，我俩就琢磨着开了理发店，这就等于是夫妻店。平常活不太多的时候，我就去干油漆彩画，本来这样过着也还行，但是烫发、焗油、染发用的都是化学药水，频繁接触导致我媳妇过敏了，我就在店里帮着做，结果我也过敏了，这样一来就不能烫发也不能染发了，店里只给人理发没法撑下去。那些老顾客有的需要理完发之后染一染，在你这儿理完发还得上别处染，他们也觉得挺麻烦的，慢慢地顾客也就少了，我们的收入也就跟不上了。

记者：那就是说再也没法开理发店了，养家都是问题了。

于新伟：是的，这段时间里我父亲去世了，家里没了老人，又加上理发店开不下去了，我俩就觉得还是出去打工吧。大概2011年的时候，我们就去了二连浩特开小吃店，卖些油条、豆浆、豆腐脑，就跟早点差不多。

记者：当时的生意好吗？

于新伟：一开始还可以。二连浩特那地方是个边境城市，很多做边境贸易的生意人会来二连浩特进货，人流量比较大，所以我们的生意也还行。后来可能是因为做生意的都去北京、广州进货了，街上人流量少了，我们的生意就又不行了。没办法，我们夫妻俩就在2013年的时候收拾东西回家了。

衰神附体的守山大叔

身在外、心在家,夫妻二人把家还;筚路蓝缕启山林,买牛牧于山野间;腿伤牛摔牛舍毁,四年下来颗粒无收;养牛不卖牛,于新伟难靠养殖发家致富;生活难以为继,守山大叔痛下决心卖牛抵债。

记者: 一般回乡发展都会比较难,为什么您还要回去呢?

于新伟: 那会儿有人来我们这里挖松树、收松树苗,松树苗卖得比较好,我觉得自己栽一点得了,干这个也能比打工收入更高一点,更长久一点,就这样我们夫妻俩就回来了。

记者: 除了您说的松树苗行情比较好以外,有没有其他原因呢?

于新伟: 我这个人恋家,我不想往外走,哪怕说外边能挣3万,家里只能挣2万,我也不想出去,我离不开这个地方。前几天我从北京坐车回家的时候就想,最理想的日子,咱们抛开穷富不说,就是每天都能看着我闺女,能经常看着我儿子,就很满足了。

于新伟在山上干活

记者：那您回乡包山种树投了不少钱进去吧？

于新伟：是的。我包了300多亩山地，栽了5万棵油松，把树栽上之后，我寻思着包山见回头钱特别慢，干脆养点牛挣点钱得了，所以又改牛舍养了20多头牛。这一连串下来，陆陆续续砸进去50万，里面20多万是借的外债，自己的20多万，都是这些年舍不得吃、舍不得喝、舍不得穿攒下来的。

记者：根据一些报道来看，您回家包山种树好像特别不顺利。

于新伟：那麻烦是一个接一个找上门来。有一次我和我哥上山清理杂草，那个机器头的刀片特别锋利，眼见着我还有最后一点就干完休息了，结果割草机的头碰到了粗的杂树，打到地下再弹起来，一下子就把我的脚给割了，划拉了一个十多厘米的大口子，直接给我抬医院做手术去了。而且那年因为种树、养牛花了很多钱，我就没买医保，1万多块钱都没法报销。

记者：那段时间您受伤，岂不是所有的活儿都得靠您媳妇一个人干？

于新伟：对！我们放牛要去山里，我媳妇体力跟不上，养起来特费劲。按道理伤筋动骨一百天，但我只躺了40多天，就下地放牛去了。做完手术医生还担心我以后会跛脚，好在现在恢复得不错。

记者：养牛确实特别累，而且也得养好几年才能卖，不过

当您把牛卖了，家里经济应该好点了吧？

于新伟：我养牛的时候运气不好，往年养牛的人家都赚钱了，但没想到，我养牛那年就不行，当时好几头牛生病了，蹄子上长肿块儿，再加上之前在山上放牛的时候牛摔下来死了，没办法按照市场价卖，只能是亏本卖了。

记者：养牛这几年里是不是牛棚还起过火烧了不少东西？

于新伟：是的。当时是秋天，天凉了，我们几个人要去山上干活，烧了点玉米秸烤火取暖，临走前特意踩灭了，看好了没有烟才走。没想到几个小时之后起风了，风把上头的灰吹走，底下可能有点火星子，一下着起来，就把牛棚和三轮车都烧没了。烧没了我还得重新修牛舍，又花了不少钱。

记者：您种树、养牛经历这么多波折，基本上没挣到钱吧？

于新伟：确实，从 2013 年到 2017 年，我养了近四年牛啥都没挣着，全是借钱花。我家老大那会儿上小学，老二那会儿才刚会说话，家里特别困难。不过还好，我姐跟我叔叔借了我不少钱，但是压力也大，人家借我钱，我还得还上。

记者：据说您养牛的时候，宁愿牛老死也不愿意把它们卖掉，是因为对牛有特殊的感情吗？

于新伟：这个可能跟个人性格有关系，这些牛和我朝夕相处，处出感情了，要卖它们就有点受不了，我媳妇一说卖牛我就跟她生气。也不是说我不想挣这个钱，就是不忍心。我特别喜欢看人养牛，特别眼馋，但是现在确实不敢养了，因为养你就面临着卖，那个时候心里特别难受。

于新伟与他养的鸡

记者： 那么现在养鸡会这样吗？

于新伟：我一开始养鸡的时候，还觉得养鸡跟养牛不一样，于是我一下子养了 2000 只鸡，也分不清谁是谁，但是也不行，卖的时候我还是不忍心。它们生病的时候，我都是扒着嘴喂药，不像别人不管它们死活。

记者： 您是不是觉得您的牛和鸡都是有灵性的，不愿意看到它们被屠宰？

于新伟：差不多吧，我养牛一口牛肉都不吃，我养鸡一口鸡肉都不吃。现在别人买鸡，我都要找人把鸡杀了，我再收拾干净，真空包装发快递过去。

记者： 咱们再回到养牛这个话题上，您养牛好几年非但没有发财，反而欠了好多钱，会不会觉得压力特别大？

于新伟：那段时间压力确实大，我媳妇老哭，我觉也睡不好，但心里头希望还有。不过到最后，我觉得再养下去，再出点别的事，就真的会受不了了，所以我就把 23 头牛全卖了，得到的 17 万全部拿去还债了，但没有都还完，因为那几年一直借钱周转，欠了特别多，还了 17 万，还有 30 多万欠款。

自我纠结的快手主播

婺源遇机缘，于新伟初入快手；快手中有黄金屋，归家潜心拍视频；快手平台展歌喉，养鸡大叔小有成就；犹犹豫豫开直播，收打赏初尝甜头；快手遇见真老铁，于新伟心有戚戚。

记者： 2017 年您去江西打工其实是为了还债？

于新伟：对，牛卖了之后我就准备出去做事了。我姐他们那时候在江西婺源是做建筑的，我姐夫说让我到他那儿去。所以我、我媳妇跟我这小闺女就一起过去了。我月工资 6000 元，我媳妇在那里做饭月工 3500 元，其实咱也不值这个价，都是亲人帮一把。

记者： 您就是在这个时候接触了到了快手吧？

于新伟：是的。一个邯郸的工友对快手特别感兴趣，他没事的总是刷，连带着我也一起看，我就把快手下载下来了。那个时候我特别喜欢本亮大叔，可能是我更喜欢农村的生活和人吧。

记者：那您是什么时候动了心思也想去做短视频的？

于新伟：那时候我不会录，也不会发，更不会编辑。那个邯郸工友爱发，我就常常给他拍，还帮他设计情景。我自己发的时候就发点生活照，不过有一次我发了个生活片段上了小热门。做事儿的时候我发现一只老鼠被砖压得特别扁，被压成一层皮，里边儿还有骨头，成了一个片儿，我就拿起来拍了发出去，结果有了1万多播放量。我看了评论特别高兴，有人说你这个才是"鼠片"。

记者：这是您第一条上热门的视频吧？

于新伟：对。那时候我就发发这些东西，还没发唱歌呢，后来有一段时间我把快手卸载了，因为在工地上做事刷这个东西，觉得不大合适。

记者：那您什么时候又把快手下载回来了呢？

于新伟：我在工地干了一年，没活儿了我就又回来了。回来是在2018年暑假，在承德市做了两个月外装修的活，到年底我就回家了，那个时候就又下载回来了。

记者：下载回来是单纯娱乐呢还是说想通过快手挣点钱呢？

于新伟：那会儿其实抱着试试看的心态，因为他们说做快手直播还挺挣钱的，如果说我成功了，将来也能卖点土特产啥的挣点儿，实在不成我就当娱乐了。那会儿录视频没有三脚架，搁窗台上或者篱笆墙上录，那时候也闲，有的时候一天发两个视频。

记者： "牧野繁花－守山大叔"这个名字是怎么起的呢？

于新伟：一开始我想叫守山大叔，因为我想守着我包的山哪也不去，但那时候有人先注册了，我就寻思过去我是在田野里放牛的，这就是"牧野"两个字的由来，"繁花"就是因为我们这里的山到了春天花开得特别多，所以就在守山大叔前面加了"牧野繁花"。

记者： 那这个时候还有没有再去包山干点儿养殖什么的？

于新伟：山一直在，就是不养牛了。牛舍空着我就养了点儿鸡，不过也不好卖，等这批鸡长大后，我拿了15只鸡去集市上卖，却只卖了两只，其余的都是通过网络直播卖掉的。

记者： 这个时候您在快手上应该开始发些唱歌的短视频了吧？

于新伟：对。我本来也喜欢唱歌，我媳妇花499元给我买了一套声卡回来，这玩意儿还是我工友跟我说的，说你要唱歌的话得有这么个东西，我媳妇就整了一套回来给我拍唱歌短视频。刚开始粉丝涨得也挺快，没发多长时间就上了热门，我寻思这个平台也好。

记者：当时您觉得自己做快手火的希望大吗？

于新伟：试试呗，我当然希望火，想被更多人认识，有更多的点赞，有更多评论，火了对将来带货好一点。

记者：您之前说特别喜欢本亮大叔，那您前期拍唱歌短视频有没有想过模仿他？

于新伟：他更多的是带给了我要去走主播这条路的启示。我俩短视频里的场景差不多，也就是田间地头，但是我模仿不了他，因为本亮大叔什么歌都唱，而且他的表情特别好，我一直想要学他那种状态，但是一直没有做到。

记者：那您刚开始拍短视频的时候会不会特别纠结，总觉得一遍不够？

于新伟：我都拍很多遍，感觉之前从来也没有一首歌是认真地从头唱到尾的，只是东一句西一句的瞎唱。录视频的时候你就不能瞎唱了，得展示得好一点。那会儿我录《一剪梅》，我就在雪地里唱，也应景了。那天下着大雪，我在雪地里站了50分钟，录了几十遍，因为这歌有点高，我偏中音，一遍遍录就是为了更好的效果。

记者：听说那个时候您为了唱歌还去吊嗓子，有这回事

快手主播之道

儿吗？

于新伟：那时候我跟着快手平台里教声乐的视频去学，学怎么拔高音，有的时候天不亮我就到后山上学，结果嗓子发了炎，停播了半个月，后来我觉得好点了就开播了，发现嗓子还是不行，又吃了一个月的药才好的。

记者：所以说后面还是觉得自然就好，也不再刻意去学吊嗓子了是吗？

于新伟：对，后来适合什么歌我就唱什么歌，不再勉强自己唱那些唱不了的歌了。

记者：您平时有过在很多人面前唱歌的这种经历吗？

于新伟：上初中有联谊晚会，我就在那儿唱，但那也属于赶鸭子上架，因为我是个性格内向的人，平时话都很少，包括现在也是，之前在星光大道节目里头，主持人跟我聊天，我就特别局促，也不知道说啥。

记者：但您好像在镜头面前又特别开朗，这又是为什么呢？

于新伟：还是因为不见面的关系，见不着真人我都不紧张，只想着怎么让这个视频更好玩，还有就是直播的时候老铁说的话把我逗乐了，心情特别好也特别放得开。

记者：据说刚开始您粉丝涨到 4.6 万就上不去了，有这么

回事儿吗?

于新伟:有的,不过我也没找着原因,那段时间感觉该展示的都展示了,粉丝就是涨得很慢。

记者:那时候为啥没想过开直播呢?

于新伟:那时候对开不开直播很纠结,因为开直播跟录视频不一样,录视频一遍录不好可以录好几遍,但开直播就没办法反反复复重新开始,好的坏的就那么播出去了。但我后来想来想去,还是开直播吧,迟早要走这一步的。

记者:您第一次开直播是什么场景呢?

于新伟:开播前我还特意挑选了十多首歌,将歌名写在墙上,就那么对着墙面开了第一场直播。那天刚好有一个热门,400多人同时在线,我特别紧张也特别激动,顾不上和老铁互动,只是按照歌单一首一首唱下来,开了一个多小时。我现在回想我说的啥,都想不起来了。

快手主播之道

记者： 您刚开始做直播的时候，是每天都播吗？

于新伟： 对，每天都播，不过直播开了一段时间后，我发现好像没什么歌可唱了，我就给老铁们直播干农活，或者是跟他们随便聊聊天，一天在八九个小时。

记者： 那时候看您直播的人多吗？

于新伟： 那时候每天晚上我唱歌有五六十人看，后来我们干活也播，只有十几人看，后来上热门了之后，人就多了，有五六百人看。

记者： 有的新闻报道说您看到有人打赏的时候，好像不太明白为什么会有人愿意给您打赏，有这种困惑吗？

于新伟： 有的，特别是打赏金额很大的时候。老铁给我送个小棒棒糖啥的我还不会这么想，因为钱毕竟不多，但是每当有人给我送穿云箭的时候，我心里就会觉得有点不好意思，曾经有一个大哥给我刷了17000块钱，这就是单场送的最多的，但他也不图啥，也不要关注，啥也不要，我给他发私信也没回，真没想明白。

记者： 为什么会觉得不好意思，您直播也付出了时间和成本，别人打赏也是他们的主观活动，您怎么会觉得自己对不住他们，怎么会有这样一种比较矛盾的心理呢？

于新伟： 可能感觉还是不值，就感觉我付出的好像没有那么多，他们付出的好像有点儿过了，就是这种心理。

记者：我在一些报道上看到，有段时间您开直开直播之前都要抽烟，这是为什么呢？

于新伟：有一段时间开直播间人气很低，只有200多人，我很焦虑，有的老铁很急，给我支招儿，其实这个时候焦虑，是因为我不知道怎么去面对这些支持我的老铁。

记者：其实是老铁的支持无形中给了您很大压力？

于新伟：我其实特别感谢他们。2019年10月份我参加了快手好声音比赛，有一个拉票环节，老铁们把七大姑八大姨全拉上来给我投票。小阿青直播间四五万人，她还是祁隆老师的徒弟，有很多人帮她，才得了第九。我直播间平时也就2000人，我能排第11名，对比一下，这是多大的支持啊！在我看来，这些老铁刚开始关注你的时候，就好像他们生了个孩子，想看着孩子一步一步长得更健壮，他们什么都不图，就为看你能更好一点儿，站得更高。

记者：朗诵《再别康桥》这个视频火之前，您有多少粉丝？

于新伟：113.9万，这些粉丝特别好，在我直播间里，几乎没有骂我的，两年来，骂我的人不超过10个。

记者：有些直播间很难避免恶意评论，为什么您的直播间能这么心平气和？

于新伟：可能是我不太爱计较吧，说我长得丑，没准是句玩笑，说我唱得不好，他们有自己的审美，可能这歌你不爱听，这不算黑我，但是我这儿一定不能骂人，说脏话带脏字，我就会把他们拉黑。

一朝闻名的守山大叔

朝为养鸡郎，暮登热门榜；天生嗓音难自弃，《再别康桥》惊艳四座；人红是非多，连麦带货多生波折；吃一堑长一智，于新伟欲卖家乡土特产；时来运又转，还完外债还有余；守大山、陪亲人，于新伟乐在其中。

记者： 您是因为朗诵《再别康桥》这个视频在网上爆火的，您在这之前有录过朗诵的视频，或者直播的时候朗诵过吗？

于新伟：我没录过朗诵的视频，直播的时候可能捣鼓说几句，没有正经去朗诵。

记者： 那么究竟是在一个什么情景下让您去录制了朗读《再别康桥》的视频呢？

于新伟：在我之前有个叫李小刚的，因为朗诵《再别康桥》火了，看完他的朗诵，我说我也喜欢朗诵，那我啥时候也录一段吧。录的那天其实我都没想到要录什么，都是现想的，我寻思歌都唱了一遍了，干脆朗诵好了，就选了《再别康桥》。我录了有十来遍，后来我就觉得我能加点什么，能有点快乐，就在前面乐呵了一句，没有一本正经去朗诵。

记者：当时有预感这条视频会火吗？

于新伟：录完之后其实没有立刻上热门，我还寻思这么好的东西怎么就没人点赞呢，结果过了几天之后就上了热门，就这么火了。

记者：您本来是发唱歌视频的，结果后面因为一条朗诵视频火了，会不会觉得特别有戏剧性？

于新伟：是的。那时候在直播间好多人就说你别唱歌了，你快朗诵，但是说实话，我主要还是唱歌，朗诵只是尝试，《动物世界》的解说我也录了两段，直播的时候我就穿插着来。我觉得喜欢看我唱歌和喜欢看我朗诵的粉丝都差不多吧。

记者：朗诵《再别康桥》这个视频火了之后，给您增加了多少粉丝？

于新伟：快手上涨了 20 多万。

记者：现在是不是每天都得学特别多的新歌？

于新伟：其实也没有，因为这段时间我太忙了，家里总是来客人，还要经常出去参加活动，也没有太多精力去学新歌。

我唱的歌是我熟悉的，有些新歌我根本就唱不了，唱得了的新歌还得现学，学得少也供不上每天发。

记者：那您现在会多读些文章吗？有没有想过系统地学学朗诵？

于新伟：会学，我会在网络上搜些诗歌、台词配音什么的。我也想着学学朗诵，但是学完之后感觉不是太好，我感觉学完之后我朗诵的味道好像变了，找不着以前的感觉了，可能还是学得不深入，如果学得深入些，就能上个小台阶了。再加上我都是找视频学，找不到专业的人来教。

记者：爆火之后对您的直播应该帮助挺大吧？

于新伟：火了以后直播间人气没有太高，平常有三四千人，在收入这一块儿，主要还是来源于打赏和带货。

记者：我看您现在很少带货，您第一次带货是什么时候呢？

于新伟：2020年中秋节的时候开始带的，带的是我们镇上的月饼，是我媳妇用她的账号在带，直播间也就五六十人，有时候卖个百八十单。月饼卖完了之后的几个月，我就拿我的账号带我们山上采的蘑菇。我带货的次数比较少，直到现在都是我媳妇在带货。

记者：带货现在是大势所趋，靠带货也能挣钱，为啥您不

亲自带呢？

于新伟：主要是我嘴笨，说也说不好，我媳妇嘴快。带货就得能说会道，我反应慢，带货的时候磨磨唧唧的，人家可能就走了。

记者：所以你们夫妻俩相当于开一个夫妻店，您负责做短视频吸引粉丝，您媳妇就负责在直播间带货。

于新伟：对，说实话带不带货我也挺纠结的。

记者：为什么纠结这个事呢？

于新伟：有的电商会在我直播的时候来直播间刷榜，想和我连麦卖东西，你不能让他们白刷这么多礼物，于情于理都应该和他连麦让他展示一下他的东西。如果真是好东西，买的人若不多，他赚不回去，我心里头也过意不去，他东西卖不出去我也着急。另外就是这些人卖的东西的质量你也没法掌握，他卖的东西次了，我又怕伤老铁的心。

于新伟朗诵《再别康桥》

记者：那在这过程中有没有遇到过什么波折？

于新伟：遇到过，我还退了两次钱。第一次是个20多岁的小孩，他给我刷了700块钱，想连麦卖热敷枕，结果只卖出两三单，我又不会忽悠，也没有什么砍价的过程，直播间的老铁们就不太买他的账。卖成这样，这小伙子倒没说啥，但是他母亲后来给我发私信说我坑她儿子，我说我没有坑，我把时间给他留了半个小时，你这东西没卖出去，我也没啥办法。后面我想的是这孩子刚刚创业，能做的就是把这钱退给他，所以我给他退了350块钱，剩下的一半我让他找平台去要。

记者：这事儿错不在您，但是您还是把这责任都揽到自己身上来了。

于新伟：是啊，我从不坑任何人。第二次退钱是因为我失误，那个时候也是有人过来刷榜一，我正打PK呢，打算打完PK就连榜一，在打PK的时候，榜二又送了点小礼物变成了榜一，这就有个小的时间差。那个时候也不太懂，我就连了原来的榜二了，第二个连的才是原来的榜一，连到他时他就说我不讲究坑了他，他不卖了，我说这是我的失误，不卖的话我给你退钱，他一共刷了1700块钱，我一分不少都退了，连官方那半我都退给了他。如果我是个见利忘义的人，真坑了谁了，可能我还不是很在意，但是我没坑谁啊，他说出这话特别伤我心，所以到后面我就不怎么带货了。

记者： 在 2021 年的《乡村振兴人物榜》主题晚会上您说打算在直播中去推销家乡的土特产，有这个规划吗？

于新伟：这个是有的，我现在就在做快手主页上的商品橱窗，卖我们当地的一些优质农产品，要么去现场带，要么在直播带，又或者找一些主播去带。主要是这些东西都是我们那儿的，质量过得去，我也乐意帮他们带带货，这个和之前连麦卖货又不一样。现在这些土特产卖了百八十单了，我就从中拿点儿提成，一单能挣三五块。这两年通过直播，我把欠的钱都还上了，这个事儿可以慢慢着手做了。

记者： 现在的短视频行业，流量是重要的，会不会担心自己有一天不火了，现在会因为涨粉这个事儿而焦虑吗？

于新伟：现在倒是不焦虑，做快手两年了，也能看开了，顺其自然吧。反正该有的东西它就会有，不该有的东西也强求不来。有点小灵感就录一个视频，没必要给自己那么大压力，现在我就是唱歌聊聊天，怎么高兴就怎么来。

记者： 您火了之后，是不是特别多人邀请您参加节目？

于新伟：对的，比如《黄金 100 秒》《开门大吉》《星光大道》《越战越勇》等等，还有各种媒体也会过来采访。

记者： 现在会因为出名而有一定程度的烦恼吗？

于新伟：那倒是没有，因为你可以选择不去，我既然去了，那我就认为是个好事。

记者： 村里人是怎么看待您做快手的呢？

于新伟：一开始他们就知道我在做，他们也看我直播，时不时点个关注，送点小礼物什么的，都挺支持的，我在村里人缘还挺好。

记者：现在他们看到您快手做这么成功，有没有人也开始做快手？

于新伟：这个很少，因为我们村年轻人也不多，大部分都出去打工了，他们也没啥特长。我们村有一个人股骨头坏死，干不了活，我想着说带带他，让他有收入，要不然啥也干不了，他吃啥喝啥？不过这些都还没开始做呢，我现在也没顾上，这段时间忙完了，尝试带带他。

记者：在您前半生里，您是一路吃苦过来的，现在总算是通过短视频平台改善了自己的家庭条件，您对现在的生活满意吗？

于新伟：不得不说这个平台太重要了，如果没有这个平台，我可能还在外头打工还债呢！我现在无债一身轻，还有点小积蓄，也能守着这山，见着我儿子、闺女，我已经很知足了。

后记
被天使吻过的嗓音

在农村主播中，我们经常能看到两类：一类是展示乡土生活的，例如本书中的蒋金春；还有一类就是展现自身才艺的，例如本亮大叔，还有本文的守山大叔于新伟。如果说展示乡土生活的农村主播们会因为素材的缺乏导致快手号难以为继，那么展示自身才艺的农村主播就像一棵常青树，因为他们的短视频素材非常丰富，也相对容易保持热度。不过我们也能看到，展示唱歌才艺的农村主播非常多，但少有能够从中突围成为大主播的。于新伟从2019年开始接触快手，到现在不过两年有余，能积累起180余万粉丝，可以说相当迅速。在笔者看来，于新伟成功的原因主要有身份和天分这两点。

农民身份在娱乐市场上自带光环，能够轻松获得大众的注意力，是人物营销的一大卖点，歌手阿宝起初就是冒充农民获得了大量粉丝，这在一定程度上说明了农民身份的市场价值。那么为何农民身份如此吃香？一是农民接地气，给人一种真实感，人们愿意去看农村生活的点点滴滴，以达到怀旧的目的；二是人们对农民会有一种同情心，在这种同情心的影响下，人们总是对农民主播更加宽容，会降低正常的标准去审视他们，两个唱歌水平相等的主播，一位是农民，一位是城市人，评判他们时人们总是倾向于农民主播，因为农民身份很容易让人们产生影响客观判断的主观联想；三是人们的猎奇心理，面对专业人士的高水平，人们会觉得理所应当，而面对普通人的高水平，人们总是能提起兴趣去关注，满足他们"高手在民间"的心理预期。于新伟身上浓厚的农村气息就吸引了一大批粉丝，连他自己都觉得，如果视频背景换成新楼房，他把自己收拾得干干净净，或许就没人喜欢他了。

  毫无疑问，于新伟的天分是很高的，生来就有一副好嗓子，没有经过训练，唱出的歌声却足够动人，没有接受播音主持的学习，却有字正腔圆的语音语调。尽管于新伟的外形条件不优秀，但天使的嗓音、魔鬼的脸庞这种对比却也足够具有吸引力。笔者总是疑惑，为什么主要做唱歌视频的于新伟会以朗诵破圈出道，目前暂未得出科学答案。或许是因为唱歌好听的农村主播太多，而能朗诵的农村主播太稀少了吧。

  在蒋金春身上，笔者看到的是努力的重要性，而在于新伟这，笔者看到的是天赋的重要性，但这并不意味着于新伟就不努力，而是笔者认为他拥有的这种天赋，能够让他更快速、更轻松地成为大主播。

第二单元
70后草根网红们的"进阶史"

小英夫妻

快手账号：小英夫妻
粉丝量：451.3万
标签：广场舞领域创作者
采访记者：马锐

记者手记

夫妻是什么？婚姻是什么？我想这对来自温州农村的夫妇，他们有属于自己的答案。2020年的疫情改变了许多人的生活，其中就包括这对普通的夫妻。由于没法出门，他们就在家中跳起了广场舞，还把日常生活的动作编入了舞蹈。偶然间他们把跳舞的视频分享到快手后，浏览量竟出乎意料的高。就这样，这对农民夫妻走红了。

有网友发出了这样的感叹，小英夫妇的舞蹈视频之所以火，正是那份难得的"纯粹"，还有两人之间浓浓的爱。每次舞蹈结束，两人都会深情拥抱，这不免让人质疑这是作秀。直到这次采访结束，我才知道埋藏在这对夫妇背后的故事。年轻时的经历让丈夫范得多患上了重度抑郁症，20岁出头的彭小英扛起了养活家庭和照顾丈夫的重担。那时的她选择独自承受一切压力，她最喜欢的电视剧《渴

143

望》中的女主角刘慧芳成了她的精神支柱。她始终提醒自己，要像刘慧芳一样勇敢面对人生中的艰难坎坷。于是她把自己的微信签名改成了：再怎么烦恼也要给别人微笑。在所有人眼里，她永远都是那么乐观坚强。在听从医生的建议后，她和丈夫形影不离，并带着他走向了热闹的人群。一次偶然的尝试，彭小英发觉跳广场舞不仅能锻炼身体，还能放松心情，于是她鼓励丈夫也加入其中。就这样，丈夫的眼里渐渐有了光。

除了直播跳舞拍视频外，小英夫妇俩的生活非常简单。爆红之后他们获得了很多不同的机会，去不同的城市参加了很多节目的录制，但他们仍旧没有放弃种田。就像小英姐说的，"我是吃五谷杂粮长大的，我不能忘根"。成为别人眼中的网红并没有改变他们的生活节奏，她依旧会为了种地而拒绝节目组的邀请。的确，参加活动能带来经济上的改善，但健康快乐才是他们夫妇俩最珍视的财富。原定一个小时的采访，我们聊了有近三个小时。小英姐特别健谈，也特别愿意分享她对生活、对亲情的感悟。她让我觉得人不论遇到何种逆境，只要保持乐观，总会有逆风翻盘、乘风破浪的一天。采访最后她向我提出了接下来的计划，她希望带领村民们一同致富，帮助大家销售当地的农产品。原本有很多人要和她洽谈网络直播带货的事宜，但她都婉言谢绝了，她觉得自己文化水平不高，对商业合同也不够了解。现在每天晚上在直播中销售的商品也都是自己村子里生产的农产品，比如当地糖厂生产的红糖。只要有空，她就会和丈夫一起来检查红糖的品质，还将古法制糖的技艺用手机记录下来，播放给网友们看。原先乡亲们只能自己挑着红糖出去叫卖，费时又费力，而小英夫妇在线上销售，每天能帮大家解决2000斤的红糖销路问题。也许未来，他们夫妇会逐渐成为当地特色农产品的"最佳代言人"。

夫妻是朝夕相处的人，夫妻是一生到老的伴儿。小英夫妻用他们的舞蹈传递着夫妻之间的爱，也许幸福就是，我离不开你，你也离不开我吧。

车祸夺走了丈夫的"前世"　跳舞找回了丈夫的"今生"

记者： 小英姐您简单给我们介绍一下这种舞步吧。

小英： 他们都说这叫"鬼步舞"，也叫"曳步舞"，说实话我们也不知道这种舞究竟是叫什么，毕竟我和我老公之前也不会跳舞，也不懂音乐。印象中我是看人家在广场上跳这个舞，然后就是速度比较快，两个脚的交换频率也比较快，这是它的特点吧。这几年我们慢慢开始跳舞以后，就认识了很多跳这种舞的人，人家就告诉我这种舞是从澳大利亚发展过来的。

记者： 您现在是等于把它本土化了，您和您丈夫自编自导，发展成了一个新的流派，叫"温州曳步舞"。当初怎么想到要跳这种舞的？

小英： 这个说来话长了。我老公出过一次车祸，那次车祸给他留下了心理阴影。从那以后，每时每刻他都会说他耳朵里面有大卡车的声音在叫。他有时候一个人在家里就会自言自语，或者是眼睛盯着什么东西一直看。他的眼神跟正常人的眼神是不一样，就感觉没光彩。我们当时什么都不懂，还以为是农村人常说的"见鬼了"，所以就想了一些比较迷信的办法去治他。但其实耽误了他的治疗，反而还加重了病情，比如他晚上不睡觉就想着往外跑。没办法了我们又带他去了北京的同仁医院，才知道他当时是患上了抑郁症。

记者：那时候家里条件怎么样？

小英：基本上家里的钱全拿来给他治病了，能去北京也是因为有个老乡在那里做生意，麻烦他去挂的号。后来北京的医生就说他的耳朵受到了重创，留下了心理压力的后遗症。说实话他耳朵能治好都谢天谢地了，因为当时他被撞的嘴巴、下巴都裂开了，里面的牙齿都飞掉了，我去到医院的时候他已经因为流血过多处于休克状态。好在当时抢救过来了，伤口什么的也慢慢好了，根本不会去想说他还得了"心病"，后来回家养着的时候就感觉这个人不一样了。

记者：他的记忆被留在了车祸现场，所以他脑海里肯定一直回想着那些恐怖的画面。

小英：对，然后他也不愿意跟人沟通，也不愿意和孩子们说话，睡眠质量也越来越差。有一天他犯病了，晚上我们都睡觉了，半夜我醒过来发现他人不在了。然后全家人都出去找他，凌晨了他能跑到哪里去，当时我特别心急。后来我们在一个小广场的花坛里找到他了。他就坐到那里，你想都大半夜了，还是冬天，那么冷，谁都想不到他会跑到那里去。当找到他的时候，我整个人都已经瘫到那里了，后来家里的哥哥姐姐们来了，就说他肯定是变成神经病了。

记者：所以是严重到这种地步的时候才想到不能再这么拖着了，得去更大更好的医院去看看？

小英：对的，最后就是确定他有重度的抑郁症，那时他手都开始发抖了。当时医生开了些药给他吃，就说一个疗程吃下来，看看他有没有什么好转或者还有什么其他症状出来。所以就是这样子，医生开了第一个疗程的药，一点效果都没有。后来还是带他去看，又让他重新做了检查，医生说我再给你换一种药，再吃一个疗程。这次回去他的睡眠质量明显好了很多，但是这个药吃进去他就越吃越胖，胖的有点可怕了，那个脸就好像跟气球吹起来一样的。

记者：这种药里面一般都含有激素，所以越吃就越胖。

小英：当时看他越来越胖，我就有点害怕了，所以又去找医生。医生说我给你个建议，不一定能行。就是说抑郁症的人属于是很低潮的人，他只会去想那些了断自己的事情，所以我们可以晚上吃了饭或者是白天带他去人多的地方，那些热闹的地方，让他看看别人都在干什么。比如说有些在路边唱歌的，他说你带他去看，或者带他去广场上走走，有跳舞的跟着人家跳舞。让他看看那些五彩的灯光，看看人来人往的场景，让他能融入人群中。

记者：所以您是听了医生建议，带着您的丈夫去广场上看别人跳舞。

小英：对，我每次陪着他去我也挺无聊的。有一天我就说你在旁边看着我，我跳舞给你看。其实我也不会，就是跟在队伍后面，感觉还蛮好的，能出一身汗，我就想着能把他带进来就好了。后来回家就跟他说，我说你也跟我去跳舞，我说这个舞挺好的。他刚开始还反驳我，说你看看广场上都是那些老奶奶和年纪很大的人在跳，我一个大男人去那里跳，像什么话？我跟他说不通，就只能每天带他去看。有一次我自己跳完了身上出了很多的汗，又跟他说跳完舞特别舒服，回家洗个澡，一身轻松，我说你去试一试，就这样带着他一起跳起了广场舞。

记者：他自己亲身经历了以后，知道跳舞能出汗，然后再洗个澡很舒服，慢慢就会喜欢上这种感觉。但是要没您陪着，我估计他也没法这么快就加入。

小英：你想想他晚上跳舞，回了家睡眠质量也越来越好，白天就盼着晚上能再去跳，所以脑子里也不太胡思乱想了。我觉得他有所改变，所以我首先得坚持，不能放弃。我得一直陪着他，带领着他一块儿跳。一件事情反复做，你还得多鼓励他，还不能打击他。有时候他明明跳错了，我还得温柔地去纠正他哈哈，比如我直接说其实你这样子跳不好，不如换成你这样子跳就更好看。

记者： 您说话得特别小心，哈哈。

小英：你得让他心情好好的，反正就这样慢慢地他眼睛里也有光了。

记者： 那后来有去看过医生吗？医生怎么说？

小英：他一直有在吃药，后来再带他到医院去体检，我就给医生说，他这段时间跳舞运动，心情也好了很多，就想能不能把药量给他降下来。然后我们就在医生的指导下，慢慢停掉了中午的药，早晚依旧吃着。慢慢看他恢复的效果，要是情况更好了，就能再停掉早晨的药这样子。现在所有的药都停了，你看他脸上也有阳光了是不是？

记者： 跳舞的时候您和您丈夫都笑得特别开心。

小英：可以说舞蹈给了他第二次的生命。

记者： 真正的良药在这儿呢。

小英：我记得有一次CCTV-12频道心理访谈的栏目组找了心理医生、舞蹈教练，还有主持人，我们做了连线。当时心理专家就说了，我老公的抑郁症属于比较严重的类型，他看了我们的视频，他说每一个视频的音乐给人的动力都特别明显，我用动感的音乐和舞蹈把我老公从情绪的低谷带了出来，所以他现在才能这么阳光、这么快乐。

像《渴望》里的刘慧芳那样，再怎么烦恼也要给别人微笑

记者：疫情期间您发了自编自导的"曳步舞"，然后被大家认识了。

小英：去年（2020年）疫情的时候，一家人都出不去，可我们还想跳舞。后来我就在不懂编舞的情况下，编出了这么一个舞蹈。我们也不知道怎么编，就是从自己的经历、生活中见过的情境，往这些方面编动作，包括奶奶梳头的、妈妈拉风箱的、挑扁担的、蛇啊、鸭子这些动作，然后配上《渴望》的歌曲，就有了这支舞。

记者：为什么想到要用电视剧《渴望》的主题曲呢？

小英：我特别喜欢看这部剧，我可以看好几次，我好像都看了三遍了。当时看的时候，我就很喜欢里面的女主角刘慧芳。她是一个很善良的女人，让我感触特别深。可以说她在某种程度上感染了我，给了我动力，让我能一直陪着我老公走出曾经的抑

郁症。所以说第一次编舞的时候，才会想到要选这首歌。

记者： 很多事情都是偶然，像您带着您丈夫去看广场舞，偶然间发现这个对他有疗愈效果。然后偶然之下您把和丈夫的跳舞视频发到了快手平台上，大家都被你们给打动了。

小英：对的，所以说你想想，假如我现在没有带我老公跳舞，我没有听医生的建议去试，我都不敢想我老公今天是什么样子。我现在付出的这些，也许是感动了老天爷，他给了我老公第二次生命，生活也特别的幸福。

记者： 在您丈夫出车祸之前，您全家的生活是什么样的？

小英：我丈夫没有出车祸之前，那时候我们也只有20多岁，我记得我的大女儿还不到上小学的年龄。那时候我老公是一个很开朗的人，也很有责任心。那段时间我们都是给别人打工，帮别人卖货。后来老板觉得我们夫妻俩很靠谱，干什么事情都是有头有尾的，从来不耽误他们店里的生意。再后来大女儿要去幼儿园了，我们就想多赚点钱，所以就和老板提出来说我们自己也想开一个小店。老板人很好，也很支持我们。后来我们就在一个市场里租了个五六平方米的小房间做生意。

每天我们都是第一个去，最后一个走，市场的保安都知道这两口子真的很拼命。我就是背着孩子骑个自行车去，人家也都说这两口子年纪轻轻，做事真的是跟别人不一样。当然我们的生意做得可能也会比别人好一点。

记者：那为什么会出车祸呢？

小英：人总是希望能过得更好嘛，后来我老公就想找一个大一点的门面和别人合伙做。就这样，我老公跟着他们出去进货才出的车祸。

记者：那生意也没法做了。

小英：对啊，我就只能把5平方米的那个店兑出去了。好在我们手头还有一点小积蓄，才能维持下来。说实话我也遇到了很多好心人，周围人都挺同情我的，我又要照顾孩子，又要照顾他，还得想办法赚钱。所以那段时间也有人帮着我照顾他。

记者：很难想象那段时间您到底经历了什么，确实像您说的别人更多的是一种同情，但是真正能帮您的只有自己。

小英：我微信里的个性签名就是：再怎么烦恼也要给别人微笑。我老公在住院的时候，我还得背着孩子回家去做饭，因为医院里的饭他当时没法吃。我不在的时候就跟护士说，我说你帮我看一下我老公。晚上有时候还得带着孩子在医院陪他，找了一个那种陪护的小床住在那里。那会儿真的挺难的，没有人能体会那种艰苦。

当时我老公的一些朋友过来看他，就跟我说，小英你有什么困难你跟我们说，我们能帮就帮。我说没有，我很好。我就是不想欠别人人情，而且我觉得这些困难我自己还能熬得过去。每天我都尽可能微笑，从来没有把心里的难过挂在脸上。好在现在一切都已经过去了,我们换来了开心快乐。

记者: 对,而且我还关注到您还和刘慧芳的扮演者凯丽老师见了面,她还送了您礼物。当时您见到她的时候是什么样的心情?

小英:我第一次见到她的时候,是央视新闻的记者来我家采访,然后主持人就问我说最喜欢《渴望》里的哪个角色,我说我最喜欢刘慧芳,刘慧芳对我最重要了,我老公出车祸以后,我每时每刻都会在脑子里想到刘慧芳给我的动力,所以我一直在我老公身边不离不弃,然后才有了今天。后来主持人就说我给你个惊喜,然后就线上连线了张凯丽老师。我当时特别激动,凯丽老师还说小英你要是来北京,我必须要和你见面。当时2020年冬至吧,央视新闻频道就说要请我去做节目,要先来彩排。结果到了现场彩排的时候,凯丽老师就来了,他们都没告诉我,给了我一个特别大的惊喜!我一下就在台上跳起来了,那一瞬间真的是终身都难忘。

记者: 她还送了您一条围巾对吗?今年过年有没有围上它?

小英:说实话我现在都舍不得用那条围巾,一直舍不得。我怕给它用坏了,一直保存着。

记者: 其实换个角度想,如果她知道自己扮演的角色,能够真正影响到一个人面对生活的态度,面对家庭的这种责任心,她肯定也是特别荣幸特别开心的,所以我觉得这个都是双向的。

小英：所以说我现在就觉得，其实钱多钱少真的不是最重要的，只要一家人健康快乐，然后还能把这种快乐传递给更多人，这才是最重要的。我有时候直播也会和朋粉丝朋友们分享我们的故事，我都会跟他们说，家人其实都是互相爱护的，遇到困难了要相互理解、相互支持，开心快乐才是最好的。

记者：您和粉丝之间有什么互动吗？

小英：我记得前段时间有一个贵州粉丝，他家孩子十几岁好像有点抑郁，正好他家的亲戚在我们这边打工，他就找到我们，来我们家说不知道用什么方式能让孩子好起来。他因为知道我老公之前也是抑郁症嘛，所以就想和我取取经。我后来聊了才知道，他们家就是有点打击式教育，给孩子太大压力了。于是我就让他回去后打了电话，我和他孩子连了个线。我说我特别理解他作为孩子的那种压力，然后和他讲了我老公的故事。那天我和孩子聊了很多，包括我老公也给他聊了自己的经验。他爸爸就说等他们有空儿，一定带着孩子来我家里玩，我说可以的。反正就是面对抑郁症，首先要相信科学、相信医生，但是有了家人的理解和陪伴，治疗效果才能更好。

记者：所以说您对自己的三个孩子都是这种鼓励式的教育。

小英：对，因为我们夫妻俩都没有什么文化，可能知识上没法给孩子们太大的支持，但是在生活上，我们都尽量不给他们太大压力。

记者：接触了快手、接触了短视频以后，生活和之前比一定有变化，会不会对孩子的学习带来一些影响呢？

小英：在直播间也有好多朋友问我，会耽误你家孩子学习吗？我说，从星期一到星期五，首先我会监督他们写完作业。周末休息了，我早晨会让孩子睡个懒觉，下午有空儿了，我会带孩子锻炼一下，我们一起跳舞，有时候也会把我们全家人跳舞的视频拍下来。但是有一个原则就是，我会让孩子远离手机，尽量地少看手机。说实话我也不知道自己做的是对还是错。

记者：没有一个人能完全说自己的教育方式是对或错的，只能是每一个家长尽自己最大的努力去陪伴孩子。您家里还挺特别的，我觉得，让孩子参与进来，一家人拍个小视频，大家跳个舞出一身汗，锻炼身体，这种方式挺好的。

小英：像我们家电脑也没有，电视基本也没人看，哈哈，休闲娱乐的方式就是大家一起跳个舞。

记者：您有计算过自己编了多少支舞吗？

小英：我们最常跳的有五支吧，可能大家最熟悉的就是第一支舞《渴望》。

记者：基本就是把一些动作编进舞蹈里，然后选自己特别喜欢的歌？

小英：对，其实我们还给别人编了很多舞，都没有取名字。

去年我们到山西运城，参加那边的丰收节，编了一支丰收舞，还有给江苏卫视《蒙面舞王》等也编过舞，要真让我数，我可能还真数不出来。

记者：您肯定也从来没想到，跳舞能给自己的生活带来这么多经历。比方之前您说到贵州的粉丝联系您，还有光去年一年，您全家人就参加了很多栏目的录制，包括央视这样的平台也多次报道了您和您丈夫的故事。在电视里看到自己的心情如何？

小英：真的是特别的开心，我有时候老想着，我说我怎么会上电视呢？我也没有才华，但是每次知道电视里要放我的节目，我就会给我们亲戚打电话，告诉他们几点在哪个频道，赶紧让他们看。

记者：心里一定也很骄傲吧。

小英：我真的为自己感到骄傲，也为我老公感到骄傲。我去年45岁，今年过完年46岁，我想不到在45岁这一年，能在央视的《新闻联播》看到自己，更想不到还能参加《我要上春晚》和北京台的春节联欢晚会，真的想不到。

记者： 能把这份正能量传播给更多人，我也为您感到开心。您的孩子有没有在学校和同学说，比如说我爸爸妈妈上了电视什么的。

小英：孩子没有说过，但是孩子的老师在课堂上还真说过，就说这个是谁他们家跳舞的，然后上了电视之类的。

记者： 孩子心里肯定也是特别激动的。

小英：对，包括前两天我的二女儿还跟我说，妈妈，我们英语老师在课堂上用英语夸了你和爸爸，说你们跳舞跳的特别好，还在班里提到了我的名字，说你的妈妈太棒了，给大家带来了正能量，给所有的朋友带来了开心。

记者： 如果现在给您一个机会，让您有这么一个平台，开一个专门教授"曳步舞"的舞蹈班，让您把这种舞步推广出去，让更多人感受到跳舞带给人的快乐，您愿意吗？

小英：非常愿意。我们这边前段时间，有一所高中还叫我们去教孩子们跳舞，就是他们课间操可以把这种舞普及下去。孩子们觉得也很新鲜，和做广播体操完全是不一样的感觉。然后还有杭州的两口子和一个深圳的朋友，他们一共三个人来我家，说要跟着我和我老公一起学跳舞，弄得我老公都不好意思了。

<u>只要快乐能复制，被模仿也不在乎</u>

记者：您的舞蹈火了以后，陆陆续续也有人模仿您跟您丈夫。有没有担心过会有人模仿你们，甚至于他们的受欢迎程度可能会超过您，您怎样看待这个问题？

小英：有模仿的，我们这边有两个外地的，他们俩也不是夫妻，他们模仿我们，还有我的粉丝去问他们是不是小英夫妻，他们也不否认。但是怎么说呢，我觉得他开心，就让他说好了。而且我们长得也不一样，我的粉丝就跟我说你看你跳舞也不化个妆，人家那对儿都化妆，抹口红什么的。我说我是什么样就什么样，追求的是真实。

记者：他们也在快手发视频吗？

小英：对，但是我们也没有权利去阻止人家模仿，是不是？还不如就让人家去跳，只要大家开心就行了。其实我这个人就是心大，活得也轻松。要是说我真的那么在意，那我得活得多累，而且这种舞步也不是我创造的，我只是在舞蹈里加入了一些我设计的动作而已。

记者：所以其实您是一个没有那么多包袱的人。

小英：对，我生活中该干吗干吗。很多粉丝来到我家里找不到我，他就去田里面找我，他见到我就说小英姐你怎么还下地干活，你现在都不用干活了。我就问他那不干活吃什么，对不对？即便说我现在有多少粉丝了，或者像他们说我成网红了，但我的生活改变了吗？其实没有什么变化，我不可能一天到晚出去做节目，给别人编舞，我还是要靠种田来养活家人的。

记者：录完节目回来，该干活还是一样干活，该下地还是一样下地。

小英：不然呢？对吧。今年三八妇女节，北京《星光大道》叫我们去做嘉宾，我就拒绝了。我说我这段时间真去不了，今年地里的玉米打的种子比较多，我这几天必须要把玉米种下去。我并不会因为能出去做节目了，就完全放下家里的农活儿。

记者：坚持种田，是不是也想着有一天能通过直播去推广家乡的农产品？

小英：一方面是因为我生长在农村，现在生意做不了的话，不种田我不知道还能做什么，所以种田让我心里很踏实。而且作为吃五谷杂粮长大的人，不管你有多么出名，这个根不能忘。真的忙不过来的时候，咱们就可以少种一点，对不对？再一个就是，我现在晚上在快手直播，有在尝试销售我们老家的农产品，红糖啊、甘蔗之类的，也都是村民们自己种的。这些都是原生态的农作物，生长的时候也没有添加农药什么的。我就想带动村里的人一起致富，大家都种起来，我帮大家销售。你看我很多视频，其实都是在田里忙完以后休息，就跳个舞，顺便拍下来。大家也很喜欢看我们在田里跳舞，风景什么的也都很美。

记者：您刚刚提到帮大家销售，实际上这也代表了大家对

您的一种信任，不是吗？

小英：没错，包括像最近种玉米，我们这边的玉米跟外地东北那边的玉米不一样，他们一般都是秋收以后就不种了，但是我们的玉米现在种下去，到 4 月底 5 月初的时候开始收，之后我们可以再接着反复种的，秋天 10 月份又可以收一次，大家也愿意种，如果种了我就一定得负责帮着大家一起来销售。

记者：所以您觉得家乡的这些土地对您来说意味着什么？

小英：说不上来，每次看着种下去的小苗慢慢长大，我特别有成就感，就像孩子一样的，这种感情还真是说不明白。

记者：这种成就感是其他事情替代不了的，哪怕说我上了央视，我去参加了晚会什么的，但是那份快乐还是比不上我亲自动手种田。

小英：完全是不一样的，特别有意思，刚刚我不是和你说有时候在田里忙累了，我们就放音乐跳舞。我一边跳，一边还会和田里的小苗说，我们跳舞给你看，你们快快长大。

我记得第一次上《星光大道》表演，好多观众在下面，我很紧张，我老公就鼓励我说，把舞台想象成我们老家的田地，然后我心里默默想着只要这次跳好了，回去再给田里的庄稼跳，它们就能长得更快、更好。就这样慢慢调整心态，然后就也接受了舞台上那种强烈的灯光，还有台下那么多的观众了。

记者：陪孩子的时间会不会慢慢变少了？

小英：现在两个孩子的学习我是教不了的，所以学习上都是我大女儿管。基本上星期六、星期天，孩子们就和我们在一起。我也会带着孩子去田里干活，也让孩子体会一下做农活的辛苦，这样他们也能知道珍惜粮食。

记者：所以通过跳舞，您获得了那么多的机会，反而对土地的情感更深刻了，您也希望能把这份情感传递给孩子。我还特别想问，这么一路走来，您的丈夫对于您来说意味着什么呢？

小英：我之前一直想的是，丈夫就是家里的天，但自从我老公出车祸之后，反而现在就是说我变成了家里的那个天一样。他虽然现在看着好了很多，但毕竟是心理受过伤的人，肯定和原来还是不一样的，所以现在家里大大小小的事情我去做得比较多。而且还有个问题是，我不想让他受太多刺激，很多对外的沟通之类的也都是我冲在前面。我要尽我所能去保护好他，因为经历了那种身心的伤痛后，你才知道健康有多可贵，所以我不想他再受伤了。

记者：丈夫曾经撑起了一片天，现在您成了丈夫的天了。您在带领丈夫跳舞的过程中，慢慢地治愈了他，事实上这一路他也在陪着您对吧？视频里少了任何一个人，就都不是小英夫妻的舞蹈了。

小英：所以说现在我们基本上是形影不离的，24小时没有离开过的,全部都在一起,反正走到哪儿都有我们两个人的影子。

记者: 能听到你们两个人的笑声。

小英: 我们快手名字就叫小英夫妻,少了谁都不行。

记者: 有什么话想对自己的丈夫说吗?

小英: 其实,这一生一世爱他我是值得的,我付出再多,我过得再辛苦再累,也是为他为我们这个家,我反正值得了。我也很高兴能为家做出贡献,自己再累再苦也都已经过去了,现在换来了一家人的开心圆满,这个就是我最想要的,所以接下来我会继续陪着他,永远陪着他。

后来,我对"夫妻"二字有了新的体会

记者: 对"夫妻"这两个字有没有一种全新的认识和体会?

小英: 对,包括很多媒体都问过,我俩结婚多少年了?我不知道,我真忘记了我们什么时候结的婚,什么时候领了结婚证,你现在问我,我真的都不知道,我从来没有记过这些事情。

年轻的时候可能还比较在意这些，但是从我老公出了事以后，这些事其实对我来说好像都抛到脑后了。人家夫妻俩过什么节，老公都会给老婆送什么礼物，但是我们好像从来没有过，包括我的生日，可能我老公都不知道是哪天。我们俩就是我记得他的生日，但是他不记得我的生日。

包括好多记者来问他说你知道你老婆什么时候生日吗？他说我不知道，你问他和我有关的一切他都不知道。好多人说他也没给你送过鲜花什么的吗？我说从来没有。但是他心里是有我的，只是他不太会表达。我记得有一次，我们家菜籽地里他栽了很多油菜花，然后那天他说老婆我今天给你一个惊喜。他就摘了我们家的油菜花，然后还采了路边很多野花送给我了。我二女儿还在那里笑，她说爸爸你太会省钱了，这些花都是我们自己家田里的。但实际上这些对我来说都不重要，真的不重要，我们俩健康地在一起，能好好地陪着孩子，这才是最重要、最幸福的。他对我无条件的信任和支持，我对他无条件的理解和陪伴，这就是我眼中的夫妻。

记者：所以夫妻俩最重要的就是能够撑起这个家。

小英：对，你说我们年轻时候也尝试过赚钱了，只是可能没有那个缘分吧。最困难的时候已经过去了，现在我觉得真挺好的。还有一些网友在视频评论里说，觉得我们之间的恩爱是作秀，是装出来的，我们之间不可能不吵架。我就回复他说，吵架是真没有，但是没有磕磕碰碰是不可能的。我们之间从不记仇，而且我必须照顾他的情绪，他也不是那种会无理取闹的人。

记者：我们再回到视频，我之前有看到一条留言，他说"夫妻俩换身像样的衣服跳舞不行吗？干吗非得穿得土土的，现在都奔小康了，给农民一个好形象吧"。您怎么看？

小英：我觉得没什么，每个人的眼光是不一样的。我为什么要穿这个衣服，好多人也跟我说，你去买件时髦点儿的衣服吧，但是衣服是有情感的，我视频里穿的这些衣服都是我们自己穿过的，而且我们就是农村人，从来不觉得这些衣服土，大部分衣服还是我们自己做的。我就希望大家不忘初心，就像前面提到的不要忘掉自己的根。光是看衣服华不华丽、造型时不时尚，这些外在的东西取代不了我真正想表达的。我就希望大家关注我们的舞蹈、关注我们的笑容，关注这些充满正能量的东西。

记者：您看这就是关注度高了以后，总会需要面对一些争议。但事实上大部分网友都特别支持您，还有就是从您和您丈夫的这种微笑中，我们也不自觉地跟着笑了。

小英：对，面对大家的质疑吧，我觉得日久见人心。一个人本质是怎么都没法伪装的，所以我就展现真实的状态就好了，没有必要去解释很多。有些情况就是你越解释越乱，别人也不一定能听进去。

有时候也会看到一些说得更难听的话，但我能想得开就好。他既然这么说，可能是他今天心里不高兴，他刷到了你这个视频，他看到你穿的衣服不顺眼，然后去攻击你。但是如果他说出来心里会很高兴、很快乐，他心里的难过能发泄出来，我反而觉得我就更快乐了。

记者：我现在知道您为什么之前能扛过那段艰难的时光了，乐观就是您性格里最引人注目的。很多别人可能理解不了的事情，在您看来真的是没什么大不了的。

小英：真的没有什么大不了的，你自己不要去计较就好了。

记者：您之前说做人不能忘了自己的根在哪儿，那您鼓励自己的孩子长大后走向城市呢还是回到家乡？

小英：我跟我孩子说过，我说你们大学考到哪里，妈妈都很支持的。只要你以后为国家做贡献，做一个有用的人，不管你未来留到大城市还是回到家乡，妈妈都支持。我们吃了没文化的亏，所以就特别希望孩子们能多读书。

记者：您丈夫呢？也去了几次北京了吧，他喜不喜欢大城市呢？

小英：他喜欢啊，我也喜

欢的，但是城市对我们来说是一个暂时停留的地方，我觉得这辈子我们俩应该是不会离开家乡了。孩子们未来人生的路还很长，想去哪里那是他们自己的选择。我未来就计划一方面亲自种玉米、亲自种甘蔗、亲自去推广我们当地的特色农产品。你现在看我很多视频，其实除了跳舞也会分享很多做农活的过程，我前几天还发了条我们家做豆腐的视频，大家也很喜欢看。大家是通过跳舞认识的我们，我们也希望能给大家展现更多我们的生活，也能拉近大家的距离吧。

记者： 接下来有什么新的规划吗？

小英：我一个长远的想法，就是能在家乡带动村民致富，要是能做到，我也很高兴。我尽我所能去帮助大家，我们一起想办法去致富。而且你看现在直播这么火，我们的农产品又是零添加的，都是原生态的，吃起来也健康对吧！所以如果能通过直播的方式推广出去，这是一个双赢的事情。网友们能品尝到不一样的农货，我们这边的村民们又有了新的财路。

记者： 我相信现在有了互联网，有了快手，有了短视频平台，所有曾经看似不可能的事情，其实都是有可能实现的。所以我也衷心地希望未来可以看到在您的带领下，大伙儿都加入致富的行列中来；也希望能够在未来的日子里，您和您的丈夫能够继续坚持跳舞，坚持把这种快乐通过快手传递给更多的人。

后记
除了舞蹈，还可以有什么？

小英夫妻是凭借跳广场舞被大家熟知的，所以他们的账号也被归在了广场舞领域中。从不同视频中来看，变化的除了舞步、音乐外，还有他们跳舞的背景和舞台。粉丝看他们在田间地头、在自己家中，和着熟悉而又接地气的音乐跳动着，那些充满趣味的动作也不断变换着幅度。这就是小英夫妻表达自我的主要方式，语言在他们的视频里不是最主要的。不过在他们每晚的直播间里，小英和丈夫除了为大家表演舞蹈外，更多时候则是在用不太标准的普通话，向屏幕前的粉丝们卖力地推广自己家乡生产的农产品。

所以除了舞蹈，还可以有什么呢？作为广场舞领域的创作者，小英夫妻除了用推陈出新的舞蹈动作来表达自己的情感外，他们夫妇背后的人生经历架起了粉丝和他们之间的情感桥梁。大家通过他们的故事发现了舞蹈的魅力，也认识到了舞蹈背后的力量。舞蹈治愈了小英的丈夫，也成就了他们夫妻二人的今天。随着认识他们的人越来越多，了解他们故事的人也会越来越多，大家在看舞蹈的同时是否也对新的故事抱有期待，这可能也会影响到小英夫妻未来视频内容的更新方向。采访后我明白了小英心里对家乡的执念，她始终认为不论快手为她带来多少工作机会，种田都是她的首要任务。她希望能在自己的直播间里帮老乡销售古法制作的红糖，以及当地的特色甘蔗等。于是直播间里她和丈夫最常说到的口头禅就是，"所有产品都是我们当地纯手工制作的，没有任何添加"。尽管两人的普通话不够流畅，有时看到有些粉丝毫无理由的质疑，他们也会激动到语塞，但直播时真诚且用心地回复每一条评论也是他们的直播态度。每当有粉丝提出想看他们跳舞时，他们就会在介绍产品的间隙满足直播间观众的需求。所以在他们的直播间里，粉丝的需求基本都可以实现。当本地的土鸡蛋开始售卖的时候，他们也会特别实在地向粉丝介绍："如果您是在大城市，尝一尝我们温州农村的土鸡蛋，很实惠。但如果您是农村的，就别买我的土鸡蛋了，从温州寄过去还要邮费，不划算的。"他们会从消费者的角度出发为粉丝考虑，而不单单为了提升销量进行推销。并且夫妻俩在说话的时候表情幅度也很大，让人觉得浑身上下都在用力，我想这正是因为他们内心希望每位粉丝都能感受到他们的真诚，所以才会百分百投入。

不过作为反思的一个方向，日常拍摄的视频内容是舞蹈，直播时同样穿插舞蹈也无可厚非，但如何丰富直播内容或许是小英夫妻下一步需要认真思考的一点。仅仅依靠真诚未必能打动所有粉丝，毕竟现在许多粉丝在消费前都会进行理性思考。因此只有通过语言条理、逻辑严密的表达说服粉丝,推广家乡农产品的目标也许才能更加容易实现。我想这也是目前所有草根主播面临的主要挑战,如果要进一步提升直播间的传播效果,光靠一腔热血是远远不够的,真诚只是基础,只有精确的表达才是关键性的一步。保持不断地学习,一方面是为了提升对商品的熟悉程度,另一方面也是为了将这种熟悉更高效地传递给直播间的粉丝。未来,小英夫妻除了跳舞,学习如何更好地介绍产品也是重要的方向。

第三单元
90 后草根网红们的"转型记"

　　90 后一直都被视作互联网文化的主要受众群，同样他们也是互联网文化的创造者。在快手上，有许多 90 后创作者，他们大多以时髦精致的形象示人。这其中也有许多来自农村的 90 后，他们与一般年轻网红不同，往往身着简单朴素的服装，以接地气的语言形象示人。恰逢 2018 年 9 月 14 日，快手宣布了 5 亿元流量计划，在未来三年投入价值 5 亿元的流量资源，助力 500 多个国家级贫困县优质特产推广和销售，帮助当地农户脱贫。越来越多的 90 后农村网红们开始投身快手，用自己的力量推广当地农产品。

　　山村小杰是快手手艺人大 V，也是手工竹子创意的第一人，人称"山村鲁班大师"。竹子在他手里能被创造成各式各样的工艺品，它们可以用来观赏，也可以用来作为日常家具的替代品。山村小杰的视频中多数都是制作一些工具、椅子、杯子、照明灯等，除了展示动手能力外，他还在视频中添加了男女情愫，设计了不同的故事情节。一条为另一半手工制作的白色婚纱让他一夜爆红，粉丝们透过视频看到的是一个农村大男孩无微不至的关爱，山村小杰因此成了许多粉丝憧憬的男友。尽管在他的视频中，全程都没有语言交流，但通过被渲染的剧情、专业的拍摄手法、原生态的山村风光，许多粉丝都对田园生活心生向往。因为自身定位是手工领域，一条视频的拍摄从原材料的选取、创意的设计、工艺品的制作、视频录制、后期剪辑制作等，往往需要一周左右的时间，因此他的更新频率也充满了不确定性，这也让他多了几分忧虑。为了保证粉丝不流失，他开始通过直播分享生活和工作。看到周围的网红好友都纷纷开启直播带货，他也心动了；加之快手官方的扶持，进一步增加了他转型的信心和决心。2021年，他计划正式开启自己的直播带货之旅，为家乡的农产品创收贡献力量。这个计划能否顺利落实、何时落实，这位1992年出身的福建大男孩一定有自己的答案。

云南扶贫电商新模式带头人淘宝直播"村花大赛"第一名……这位来自云南的90后女孩的头衔可远远不止这些。全国青联委员、云南共青团宣传推广大使、新时代脱贫攻坚青年网络新锐主播等，不同荣誉的加持让"云南小花"的快手之路越走越红。从小家境贫寒，让她深知穷人家的孩子早当家的道理，因此在最初步入社会后，她选择了一份相对稳定的职业——幼师。而后，家庭的变故让她回到家乡，冥冥之中家乡的土地在召唤着她。刚好2018年丽江紫皮大蒜滞销，她亲眼看到通过当地某电商平台的帮助，50多吨滞销大蒜成功售出，于是无形而强大的互联网深深地吸引了她。她开始组建团队，4名青年一同支撑起了她的电商梦。在全球女性创业代表大会上，小花说希望这个世界会因为自己的努力有一点点不一样。她深知自己终有一天会"过气"，但她一定会在热度消失之前帮助家乡做更多有意义的事情，为当地的农户卖出更多农产品，让他们过上好日子。

如今，一个又一个怀揣梦想、服务利民的同时又实现自我价值的90后青年入驻快手，他们正在让这个短视频平台变得有一点点不一样。

快手主播之道

山村小杰

★★★★★

快手账号：山村小杰
粉丝量：882.4万
标签：手工领域创作者、
　　　快手幸福乡村带头人
采访记者：马锐

记者手记

作为手工领域的主播之一，山村小杰用六年的时间证明了自己。从一名普通的保险公司职员，到全网坐拥千万粉丝的"网红"，他说在某种程度上自己变了，却也没变。

在对话的过程中，小杰特别乐于向我分享自己六年来的经历。无论是生活和工作状态的变化，抑或是自己心境的成长，他都十分坦诚。期间他屡次向我提起2021年的全新规划，就是希望能为家乡农产品的销售贡献力量。这个目标在他心里孕育了多久我不确定，但我确定的是，作为在乡村孵化的IP，一旦离开了这里，势必会面临转型的挑战。我承认这是我的偏见，我始终觉得他之所以离不开大山，是因为他的视频类型早已被符号化，一旦脱离了乡村、田野，他就不再是粉丝眼中的"山村小杰"。可在聊天过程中，我越发觉得他根本就是一个不畏惧重新开始的人，因为他始终知道自己的"初心"在哪儿。从小生长在农村，那片记忆中的土地承载了他对手工的热爱，同时也寄托了他对手工非遗的希望。他说如果能有更多年轻人通过自己的视频爱上做手工，那我们的文化就能通过这些最原始的技艺传承下去了。

  最开始辞去工作从城市回归乡村，他在周围人的注视下捡起了爸爸年轻时做木工的工具。家人不理解他为何放弃待遇可观的工作，所谓的短视频创作又岂能养活得了自己。面对质疑，他甚至和家人"冷战"近半年。好在坚持的力量让他证明了自己的选择，一条纯手工制作的白色婚纱让他爆红网络，网友们在感叹他手艺的同时，也多了几分对田园生活的向往。我问他，成为网红以后工作机会也越来越多，面对外界的诱惑，不动心吗？他却对自我有着很清晰的认知，他知道所有的工作都是为了让他成为更好的自己，是为了以更好的姿态投入到视频创作中。所以他当然动心，但他却从未动过离开家乡的心。每天清晨，家里有事就帮家人做农活；闲时就自己构思视频内容，购买手工原料，琢磨视频的拍摄和剪辑手法，这样的生活他过得有滋有味。当我问起十年后他是否还会继续坚守在家乡、坚守在手工视频的创作领域时，他没有信誓旦旦地给予我肯定的答案。在他眼里，过程比结果更重要。他只希望自己能坚持走下去，不论是视频创作，还是带动家乡农产品销售。所以在谈话最后，我也向他送上了我的祝福。

  所以成为一名网红，真的会改变一个人吗？也许身份的转变带来的是生活轨迹的变化，而内在的定力最终才会决定一个人能走多远。山村小杰变了，他不再是一个普通的从大山走出来的年轻人；山村小杰没变，因为他的路依旧是朝着那熟悉的乡村走去。

从开始拍摄到走红，我用了六年时间

记者： 作为手工领域的主播，您是从小就动手能力特别强吗？

小杰： 算是从小耳濡目染吧，我爸二十几岁的时候就成为一名木工，我出生以后，家里压力太大了，他在我们村的话，收入非常低，所以在我差不多五六岁的时候就放弃了。我真正对木工感兴趣应该是在十多岁的时候，看村里的一些老人用竹子编一些凳子啊之类的，那个是有创造性的，我就觉得特别有意思。之后回到家里，因为我爸那一套设备还在，我就会自己拿过来琢磨，我就是在这种环境下成长的。后面拍摄短视频之后，我就想到可以继续做手工。

记者： 正式开始拍短视频之前，从事哪方面的工作呢？

小杰： 我拍短视频之前是一家保险公司的业务员，当时也没想过往短视频方面去发展。我最开始也是想通过短视频记录一些生活日常，然后没想到拍了一些手工内容上传到快手后，许多网友对我的创作过程很感兴趣，所以就有了拍摄动力。后来我觉得边上班边拍摄太辛苦，就辞职全心搞创作了。

记者： 那时候爸妈的态度如何，支持你辞职吗？

小杰： 完全反对，爸妈觉得小时候玩玩可以，长大以后肯定不能做。在他们看来只有那些没有其他生存技能，走投无路的人才会做这个。包括我爸以前是个很专业的木工，但因为收入太低所以才放弃的。不过他们觉得既然我喜欢，可能就想看我能坚持多久吧。

记者：最早接触短视频是什么时候？这期间什么时候最难熬？

小杰：2015年，到现在差不多六年了。我刚开始辞职留在老家做短视频的时候，很多人都无法理解。农村人的思想就是自己的小孩多去大城市发展，但我选择了一条不一样的路，所以包括我爸妈在内，整个村的人都对我有一种扶不上墙的感觉，怎么会年纪轻轻选择回家里拍摄这些乱七八糟的东西。后来经过两年的时间，在农村题材和三农板块里我慢慢被网友认可以后，他们对我才有了一点另眼相看的感觉。但是在那之前我特别难受，甚至有将近半年的时间没和家人说过话，那段时间就特别难熬。

记者：等于一开始大家觉得您并不是"衣锦还乡"，而是"走投无路"了才回来。

小杰：对，因为在我们农村大部分年轻人都去大城市打工，或者做生意什么的，然后大家也都是年底开开心心地拎着包回来过年。我是彻底回来了，然后每天用手机拍拍拍，大家就觉得你特别奇怪。

记者： 您内心挣扎的时候是怎么说服自己的，是不是也跟自己较劲，就觉得我一定要证明给你们看我的选择没错。

小杰： 我有自己的判断吧。当时拍的视频得到快手网友们认可的时候，我就在心里想，短视频一定会发展的。那么多像我一样的普通人在快手这个平台成功地展现了自己，而且当时大家也都在我的视频底下催更，我觉得不管怎么样，未来做得好不好，起码自己喜欢这个行业，我尝试过了才算对得起自己。所以更多时候我是想证明给自己看吧。

记者： 没有考虑过怎么养活自己吗？一开始拍短视频有收入吗？

小杰： 当时是完全没有收入的，加上之前在保险公司上班的时候收入还不错，所以辞职后也没有想过自己没有收入以后该怎么生存，喜欢就去做了。

记者： 我们回到作品本身，拍了这么多视频，也做了许多脑洞大开的手工艺品以后，您个人最喜欢自己做的哪一件作品呢？

小杰：我最喜欢的就是我第一个作品，那件手工婚纱，它对我的意义还挺特别的。我记得 2015 年的时候，快手上的竞争也非常厉害，就是拍搞笑段子的人实在是太多了，然后专业的人也越来越多，大家也都有团队合作什么的，那时候我就在想能不能有一种别人模仿不了，做出来的话又能引起共鸣的风格。然后我就想到说为自己喜欢的人做一件婚纱，或许会感动到别人吧。因为在农村结婚的话，很少有婚纱穿的，基本上都是穿那些红色的衣服，白色婚纱比较少，所以我就自己做了一件，拍下来发到了快手上，就感觉很多网友都喜欢。

记者：意料之外的就火了。

小杰：对，也是意料之外的，因为当时没有想过会有那么高的一个热度。大家也是看着很新奇，没想到自己动手做的婚纱也不比店里的效果差，而且都是用一些普通的材料去做的。

记者：做一件手工艺品的话，肯定一开始得先构思，比如说我要做什么，然后我要琢磨选哪些原料，确定原料以后我要怎么去制作，最后还要想好怎么拍，包括后期剪辑什么的，整个下来周期应该要很久吧？

小杰：做一条视频的话，大概周期是两三天左右，如果是难一点的我就需要一个礼拜，这些都是我独立完成的，就像你前面说的，我如果想做婚纱，我就要去想材料到底用什么，是

快手主播之道

不是？我就要提前准备好，拍摄的时候哪个角度比较好，这些都要自己去试验的。前期的话就拿个手机支架，然后自己按一下，再跑过去动手做，到后期慢慢粉丝多了以后才招了摄影师来帮忙分担一下。

记者：后期什么的这些也都是靠自学吗？

小杰：对，就是在网上找视频教程，手机上也有很多软件操作起来挺方便的，自己动手多做几条就能学会了。

记者：我还是能想象到这个拍摄过程有多么艰难了，所以您的作品更新周期也不会特别固定，包括像最近我发现您快手上的作品更新的也不是很频繁，是遇到了什么困难吗？

小杰：第一个是瓶颈期，第二个是因为这段时间家里的事情也比较多，让我容易分心，然后我也正在做新的规划。我还是会尽量保证更新频率的吧，哈哈。

从两个人到一个人，从小屏幕到大荧幕

记者：其实我相信大部分人认识您的时候，视频里还有另一个人——子墨，也许有很多网友也是通过你们俩的合作才喜欢上了您。您觉得合作期间她给您带来了什么？

小杰：她是我最重要的合作伙伴，其实她最主要就是给我带来了情节，因为短视频的话，它需要有一个核心的内容存在，

子墨就成了那个内核。因为我也知道，其实网友关注我，不一定是因为我做的东西有多实用或者说有多好看，而是他们就是向往着这种农村的爱情、乡村的生活。所以在我们呈现给大家的视频中，就是有了子墨，那种田园生活才能真正打动人。

记者：所以我们看到的不仅仅是做手工的过程，手工艺品的背后更多的是属于人物之间的故事。

小杰：对，等于是让我这个视频更有故事性了。但是我们合作三年后，因为一些个人原因吧，也可能是觉得压力太大了，子墨就退出了。

记者：那您呢，重新回到一个人的时候怎么再来呈现乡村生活？

小杰：她离开之后对我的打击还是挺大的，有一段时间我一直想不通，为什么两个人合作了这么久，她会舍得离开呢？而且我的创作能力方面，其实也受到了影响。但是后面我自己慢慢想通了，就是我在做这件事情，不仅是为了自己，我还有更多的目标。比如说整个快手平台，我是第一个用木头开始做手工艺品的，带动了那么多的手艺人。传统的木工工艺也属于非遗领域，很多传承人都做了一辈子。如果我们年轻人不去接手这门技术，久而久之的话，这项非遗手艺可能就不会存在了。所以后来我就觉得我不应该单纯为了内容或者涨粉去做这件事，而是应该以一个非遗传承人的身份，去带动更多年轻人认识做手工的魅力。虽然现在是我一个人拍视频，而且这种内容也非常吃力，但是不管多么艰难，我是一定会去完成的。

记者：如果说我们抛开这些所谓的传承也好，或者是文化的延续，您没有接触到木工的话，最有可能做什么呢？

小杰：我可能还是会选择回到老家，然后做一些农产品的生意吧，看一下能不能带动自己家乡的农特产销售也好，旅游文化也好，就想往这方面去靠。

记者：所以还是会离开大城市，回归家乡。

小杰：对，可能就是一种情结吧！我刚开始从事短视频的时候，做直播就很流行了。当时我也有想过去玩直播，但是第一，可能自己的表达能力，或者说表演欲望没有那么强烈；第二就是我自己也不喜欢那种 PK 啊、卖货的氛围，所以就一直没想过通过直播去带动我们家乡的农产品销售，就只是一心拍做手工的视频。

记者：经过这么多年的努力，大家也认可您的手艺，也叫您"鲁班大师"，短视频也给您带来了更多机会，您也开始从手机屏幕走上了电视屏幕，自己内心有什么收获呢？

小杰：其实最大的收获就是我的眼界变宽了，然后也懂得自己未来的路该往哪个方向去走，这个是最重要的。生活的改变呢，参加完节目之后回到村里，自己的知名度还是有得到很大的提升的,哈哈,大家就会很认可你这个人,现在坚持下来的东西是对的。

记者: 说明您还是很在乎别人对您的评价的,对吗?

小杰:我觉得每个创作者他都会在乎外界的评价吧,但是确实有的时候一些评价会让你心态不太稳定。

记者: 比如呢?

小杰:刚开始拍手工的时候,好多网友就会觉得你是在作秀吧,就觉得你做了真的会用吗,质量真的好吗?其实对我来说,我希望传递的是一种自己动手的乐趣吧,但是一开始肯定会有人不理解的。

记者: 参加了多少节目录制,有细数过吗?

小杰:其实还真的没有去总结过自己参加了多少节目,反正有节目的话,我就自己调整好状态去录制,回来后继续投入拍摄工作。

记者: 这当中有哪次经历给您留下了很深刻的印象?

小杰:我觉得《快乐大本营》是我参加过印象比较深的一次节目,因为那时候他们找到我,我压根就不相信他们,还以为是骗子。我就跟他们说,反正我不相信,然后他们就给我拍工作证。我觉得照片这个东西可以P图,所以还是不相信,就

让他们跟我视频。后来一看真的是在录制现场，我才相信的。毕竟我从小就看过这个节目，从来也没想过自己有一天会走向舞台什么的，所以那次的经历就像做梦一样不真实。

记者：上了"快本"以后，更加坚定了您要继续坚持做短视频这件事情吧？

小杰：对，确实因为拍短视频我也有了很多不一样的工作机会。

记者：也见到了很多明星？好像还和明星一起拍了广告吧，感觉如何？

小杰：对。在我看来，他们其实就是我的合作伙伴吧，也没有很兴奋、很激动，只是希望我们共同把这个视频完成好就行，我自己的心态放得很平。我的第一责任还是要把视频给拍好，这个是最重要的。

记者：除了录节目，您还接触到了哪些新的工作？

小杰：我还参加过一个景点的旅游宣传，当时没想到自己居然还能做这样的事情，就是除了做手工以外还能以自己的身份，去帮一些城市旅游景点做宣传。然后也是去到景点拍视频，很多粉丝就是通过我的视频找到这里来。那时候我对短视频就有了全新的认识，它不仅会让别人喜欢你，还会让别人信任你。

记者： 有没有特别难忘的工作经历？

小杰： 其实每次工作都还挺难忘的，参加的活动越多，越觉得自己书读的少，然后就觉得自己有很多不足的地方。我的记忆力不太好，尤其看书什么的会非常的吃力，有时候去参加活动，别人可能一个小时就能背好的台本，我可能要两个小时或者三个小时。所以我从拍视频到现在，都是会比别人多付出那么一点点，比如说我以前拍过那些对口型的，我就会提前一晚对着镜子去使劲练，练到自己会为止，看上去自然为止，然后第二天的拍摄就会很顺利。

粉丝多了以后，得失心确实变重了

记者： 您的努力为您换来了更多的粉丝，粉丝多了之后心态有什么变化，比如说责任心更重了，或者得失心也重了？

小杰： 会的，我觉得应该每个创作者有影响力了之后责任心和得失心都会变重吧？因为每个粉丝关注你，就是取决于你的视频质量。但是很多人取关你，也一定有他们的理由，比如说他们明明想看你直播，但是你没有直播，或者说你的更新频率比较低,他们就觉得等你的视频太累了。所以有时候掉粉的话,我心里还是会很难过。

记者:所以您的创作压力更多是来自粉丝的期待,对吗?

小杰:是的,你总归还是希望对得起他们的喜欢嘛。因为有的时候粉丝也会给我建议,我也会跟他们去一起去讨论作品的内容什么的。我基本上还有个习惯,就是作品发上去之后会去看他们的评论,比如说评论里边有什么好玩的,我都会和他们互动这样子。

记者:刚刚您提到了直播,现在有渐渐开始直播吗?

小杰:有在慢慢做直播,不过一般就是和粉丝们聊聊天什么的。但是今年,我应该会把重心放在直播上,然后去带一些当地的土特产,等于是下一步的一个计划。

记者:最开始接触直播的时候还习惯吗?毕竟是一个人对着屏幕讲来讲去,您接受得了这种互动方式吗?

小杰:你要说让我开直播去跟网友们互动还行,我可以接受。如果说开直播让我去跟别人 PK,让大家打赏我,就是吵来吵去的那种,我就不太喜欢。所以 2020 年我基本没怎么直播过,最近一次直播就是在小年那天晚上。当时我刚好在乌镇那边录节目,突然想起自己好久没开直播了,所以就趁这个机会和大家分享了一下我的近况。

记者：这么久没有直播了，您感受到了什么变化吗？

小杰：热度降低了吧！我也掉了好多粉丝，你的热度不仅靠作品，还要靠直播去维持。其他我感觉粉丝们关注我，除了看我作品外，他们更想看我的直播，了解我在视频外是什么样的，但我自己确实没有做好。

记者：大家也替您操心，会不会说您赶紧直播带点货吧什么的？

小杰：这个还真的有的，他们也会说赶紧出去赚钱之类的，也会给我很多的建议。

记者：那您怎么看待您和粉丝之间的关系呢？

小杰：我觉得我跟粉丝之间的关系就像好朋友一样，也不存在他们有多崇拜我之类的。包括我在我家乡那边的话，因为地方特别小，基本上走在路上都有人认识，我也不会抗拒和陌生人的这种亲密吧，所以我和粉丝也是一样的，没有那种距离感。

记者：之前积累了这么多作品，好多人都叫您"山村里的鲁班大师"，您自己是怎么看待这个称呼的？

小杰：其实我觉得他们都有点夸大其词，应该算大家在表达对我的一种喜爱吧。

记者：我还注意到有几条视频片尾，或者说片头会有一本书，

然后上面就写着"鲁班大师",这算是您对大家的回应吗?

小杰:他们总是叫我"鲁班大师",我就弄了一本书,这样子的话就更契合他们嘛!其实那本书里面是没有任何内容的,只是一个道具。

记者:您现在觉得自己是一个网红吗?

小杰:我一直没有认为自己是个网红,因为我以前是什么样子的,现在依然是什么样子,而且因为我家的条件也没有说很好,其实有了这么多粉丝,其实我的生活也没有很大的改变。包括今年,我家里一直有种西瓜,然后我妈每年都会拉西瓜去摆摊儿卖,我也会跟着她一起去热闹的地方,一块儿摆摊什么的,偶尔也会开个直播分享一下吧。反正对我而言就是该干吗干吗吧,但是有了粉丝之后,他看见我在同城,就会过来买我的西瓜。

记者:您看还是有一定影响的。

小杰:对,在当地的话还是有影响的,只是我就是没有去利用好自己在本地的一些流量或者说一些资源,因为我觉得自己本身就是个拍短视频的普通人,没必要去把自己当成一个网红。

记者:现在开始利用这些资源也不晚。

小杰:对,今年已经有在规划了,就想利用好自己的一些资源。

"网红"身份不重要,认清自己的方向才是关键

记者:不管愿不愿意承认,您看您全网有千万粉丝,那也是别人口中千万级的网红了。我们且不说现在的身份给您带来了什么,您觉得它有没有让您间接的失去些什么呢?

小杰:失去一些什么还是有的。我在没拍视频之前和朋友啊、老同学还是会经常见面的,但现在大部分时间都很忙,他们跟我联系的话,其实我不是说故意去回绝他们,是真的在忙一些事情,没办法抽身去参加聚会。慢慢地,他们感觉跟我距离走得太远了,觉得我不喜欢跟他们玩了,这无形中让我失去了很多朋友。

记者:如果有一个机会让您和失去的这些朋友解释,您会对他们说什么呢?

小杰:我会跟他们说,我从来都是你们以前认识的样子,我现在一点都没变。虽然我很少联系你们,但只要是我有空的话,我真的很愿意和你们在一起。

记者：现在手工领域其实有很多创作者，您觉得您自己在这个领域是一个什么样的风格？怎么样打造属于自己作品的特质？

小杰：其实我以前不知道自己的风格是什么，但是后面我就发现，我用木头或者竹子做出一些让大家一眼看过去会觉得这个东西居然还能用木头跟竹子做出来，我的视频就是希望带来这样的效果。

还有就是我觉得手工这一块儿的话，其实比我厉害的人有很多，只是粉丝暂时没有我多而已。这种东西你要看开一点，我最多算是半路出家的一个木工而已，所以后面我的视频可能还是重点以展示乡村生活为主，这就是我对自己视频的风格定位吧。

记者：做这个行业需要面临的一个问题就是您的收入可能会不稳定，目前您的收入情况大概是怎么样的？

小杰：现在的收入基本上靠快手的一些商业广告来维持，但是近两年，线下工作也会有一些补贴，比如帮我们当地的政府做人文旅游这一块儿的宣传。今年的话，我希望能做出自己的电商品牌。

记者：我记得您在直播中说过，自己并不像别的网红一样接广告做电商直播，也没有买新房什么的。面对现在的生活，您心里会有些许的不安吗？

小杰：肯定有的，因为自己年龄慢慢大了，然后父母也慢慢老了。我进入短视频行业，这么多年来，和我同时间起步的人很多都熬出来了，但我还是在坚守自己的初心，只是拍短视频，没有去带货。我不知道这样子坚持是对的还是错的，所以今年开始我想做一些新的尝试，就是我之前说的做农产品的直播。

记者： 您的快手小店里面其实也有很多商品啊！

小杰：小店里的商品，不是自己的产品，所以我也不太敢积极地推给粉丝，只是看大多数主播都在里面挂着商品，我就模仿着也做了，但从不主动销售。

记者： 做短视频这六年里，您觉得自己最大的成长在哪方面？

小杰：我越来越知道自己想要什么了，就是说知道自己接下来要走什么路了。以前完全就是不管干啥，反正我就先这么干着，但是现在就会有明确的目标。所以这算是我最大的成长吧，活的越来越有目标了。

记者： 有时候您的目标可能也是来源于外界，许多外在的

压力逼迫您要从内在做出改变。成为短视频博主后,您觉得自己生活中的安全感是增强了还是缺少了?

小杰:其实是缺少的,因为现在短视频竞争太激烈了,你如果没有创新,很快就会被淘汰。所以我只能是不断地每天学习,每天都在想短视频怎么去拍、怎么去经营会更好。

记者:摆正心态特别重要,您的视频里我经常看到您会笑得特别灿烂,有没有人说过您笑起来其实是很有感染力的?

小杰:有粉丝评论过,心情不好的时候,看到我的笑容会被治愈吧,哈哈。

记者:现在的生活是怎样的?比如说每天 12 个小时是怎么安排的?

小杰:我现在的生活基本上早上起来会跟家里人一起去做一些农活,没有事情的时候,就会在家里面自己设计图稿,或者就进城采购一些材料,然后下午开始做手工。因为你要保证你的东西能做出来嘛,所以拍摄之前肯定要先自己试着做几次。晚上基本上就是刷视频,看看别人的创意。有时候看到有人模仿我的作品的时候,我也会给对方评论,就是去鼓励他们不要放弃之类的。

记者:如果是我看到被模仿,我可能会生气。

小杰:对,我以前看见有人模仿我的视频,我真的会很生气，因为我看到那些模仿我的视频播放量还比我自己的还要高，我就很在意。后来就觉得他们之所以模仿我，说明我做的东西有可行性，他们也是关注到了我才去做的。只要他们有这个能力，那继承非遗这方面的队伍就会越来越多，所以我应该高兴才对。

今天16:30会场彩排	0
明天活动结束17:55航班回福州	0
13号需要拍视频	0
14号航班到海口	0
15号回老家拍视频2个	0
18号的航班飞北京	0

图来自 @ 山林小杰微博

记者：我之前还看到您发了一个行程图，可能是之前的一些工作安排。我看上头安排得满满当当的，比如说上午飞到哪个城市去参加一个什么活动，可能隔天又要回家去拍视频、剪视频什么的。您习惯这样的生活节奏吗？

小杰：累，也习惯了。你要真闲下来的时候，就会想着我必须得做一些什么事情。我觉得这样也挺好，因为大城市很多年轻人其实节奏也很快的，你想多赚钱就要比别人付出更多。就像我如果想把视频做得更好，就必须多去汲取能量，关起门来自己学习有时候效果不见得会很好。我多去外面参加活动，拓宽自己的见识和能力，反而会帮助我去更好地投入创作。

我来自大山，走出大山就不是"山村小杰"了

记者：如今待在家里的时间久吗？

小杰：家里面以前会呆的比较久一点，但是近一年的话就是出差的时间会比在家里面的时间更长。但是每年过年是一定会回家的，我拍视频的地方就是我的老家。

记者：老家除了作为您拍摄视频的取景地以外，对您来说还意味着什么呢？

小杰：这里承载了我很多的回忆，也让我的视频看起来更真实、更生动。其实我不怕笑话，我有想过尽自己的微薄之力，帮助我们当地往旅游乡村的方向去发展。

记者：发展还是要先"走出去"，比如说您很多视频都是在老家拍的，但您也是因为在老家拍的这些视频，获得了很多走出老家的机会，像是参加外面的商业活动也好，公益活动也好。所以您觉得现在的生活让您和老家的距离越来越近了，还是越来越远了？

小杰：我觉得是越来越近的。

记者：为什么这么说？

小杰：我出差的频率变多了，但是基本上每次出去的话都是带着收获回来的。因为我一直认为农村是属于比较封闭的一个地方，跟外面的世界是一种脱轨的状态。但是每次出差之后我都会有新的想法，然后自己各方面的想法和家乡的联系也会越来越多。我就觉得外面人家是怎么做的，我们老家也可以去学习、去模仿。我可以凭借自己的能力怎么去规划农村，或者说下一步自己该怎么走。反正我整体的想法就是，不管我出去参加活动也好，怎么样也好，我是有规划的，而且一定会站在农村的角度。如果将来我变现的能力变强的话，我也会倾向于把外面的资源引到自己的家乡来。

记者：这算是对老家的坚守吗？

小杰：对，初心是没有变的。一开始我是想拍好的视频给大家，现在就是想通过拍视频让家乡变得更好。

记者：那我可以理解为，您其实是一个没有那么大的野心的人。很多人可能他会觉得说我拍了视频以后，我一定要走到外面的世界去，因为毕竟大城市里有这么多的诱惑。您觉得自己是个有野心的人吗？

小杰：野心还是要看个人性格吧，有的人可能热度越来越高，就想赚更多的钱，然后去把自己的场面撑大，比如买豪车这些的，我只是猜测啊，但是有的人他还是会不忘初心的，他可能会把钱拿去做一些有意义的事情。然后我觉得其实变现的方式有很多种，要看自己怎么选择。我是偏向于选择在自己的家乡，一直待下去，有好的机缘也能改变我的生活，但也不会完全改变我的生活。

记者：接下来的生活就是想帮家乡带更多的山货。

小杰：对，还有就是我们镇有一种水果，算是特产吧，一直以来都是农民自产自销，而且别人采购的话，价格就很便宜，但也就是因为太便宜了，所以大家都不愿意再种了。所以目前来说这方面的产业不太好做，大家都会选择去厂里或者城里上班或者打工之类的，然后农村就会变得越来越空。对农村来说，一旦没有这种支柱性的产业，大家就没法坚守下来，土地也就失去了它的价值。我就是希望通过我的能力，帮助大家实现线上销售，这样可能成本会更低；再一个你的质量有保障，售价也就不至于太低。

记者：这个是您接下来这一年中的规划吗？有没有想过五年以后或者十年以后，您还会坚守在老家吗？

小杰：其实有想过，我希望五年或者十年以后吧，我们老家的产业能越做越旺，而且是和我有关的，就是大家一提到我们这里的农产品，就会联想到我山村小杰。所以我还是盼望着能做出属于自己的农产品的品牌。

记者：其实我个人特别好奇，您自己是90后，很多年轻人其实都是向往都市生活的，就可能田园生活我也喜欢，但是让我待个十天半个月，我就已经受不住了，但您不一样，您做了六年，未来还可能会有更多个六年。是什么让您对整个家乡、对整个大山有这么浓厚的感情？

小杰：我觉得可能跟我整个 IP 在农村孵化出来有一定的关系，如果换位思考一下，我的 IP 是在大城市或者说在一线城市孵化的，那我可能走时尚路线，我的想法可能就会倾向于城市化。但是我这个 IP 注定需要我在农村待很长时间，在这期间我也会慢慢理解当地农村的一些实际情况，比如说农民的创收比较少，有很多的空巢老人在家里没人管……看多了以后，慢慢就会想去改变这种情况，而且毕竟我自己也有很多家乡的回忆。

记者：会不会是大家认识您是因为有山村的印象，如果说您走出大山以后，您就不是山村小杰了，大家对您的那份喜爱可能就变了，有这方面的担忧吗？

小杰：这肯定是有的，要说没有的话那是说不过去的。这算是现实层面的原因嘛，但更多的还是感情这一块儿。

记者：说到感情，您今年过年期间发了一个视频，就是和自己家人的合影，你们兄弟姐妹三人笑得都很好看。家人现在一定都很支持和尊重您吧。

小杰：他们现在很支持、很鼓励我去做一些有意义的事情，但是我爸妈的话，他们肯定还是希望我能更稳定，收入也能越来越好，而且他们也很担心我的身体，就是觉得我的作息什么的不太规律。我哥我姐他们可能也都年轻，还是会比较提倡让我去做我想做的，但他们也提醒过我，希望我自己获利的同时，也能为家乡做一点力所能及的事情，这个是最好的。

记者：所以家人也都是希望您可以坚持自己的初心，您从山里来，最终还是要走回山里去。

小杰：对，我一直坚持自己的初心，肯定是不能抛弃的。

记者：想对未来的自己说点什么？

小杰：不忘初心方得始终吧！我觉得这句话的意义很大，虽然我一直希望自己能帮助家乡的农业实现更好的创收，但我知道，很有可能十年后这件事情还做不好，是吧？如果万一做不好的话，只要自己尽了最大的努力，起码对得起自己的良心。

记者：做这个选择和规划也不会后悔？

小杰：不会后悔！未来的路谁都不知道，如果我像其他网红一样去给自己立一个人设，然后把重心放在直播上，去跟他们打 PK 什么的，可能一两年的话，会有很多创收。但如果有一天你不做网红了，你要去做什么呢？是不是？你没有有意义的事情去做了，如果你现在保持着一份初心去做这件事情，不管未来能不能成功，起码你回过头来看你走过的路，你会对自

己说你已经尽力了。就像我当初选择做短视频是一样的，尽力，然后坚持。

记者：有什么想跟家人说的吗？

小杰：我就希望他们的身体健健康康的，谢谢他们这几年来对我的理解和包容，我也不会让他们失望的。

记者：有什么想对粉丝们说的吗？

小杰：我有蛮多老粉丝，他们关注我的时候可能还单身，或者说还没有大学毕业，经过这几年的陪伴，可能他们有的也已经成家立业，也有的毕业之后成为研究生，或者说成为某个公司的高管……不管他们现在做什么工作，成为什么样的人，我都想感谢他们这六年对我的陪伴。可能这六年来我没能做的很好，没有能成为他们心目中的优秀的人，但我会继续努力下去的。

记者：一个人的成长离不开外界的理解和支持，但最根本的还是要对自己有一个清醒的认知，就是我作为一个独立的个体可以为我的家乡做什么事情。我觉得有了这样一个特别明确的目标以后，下一步路该怎么走，您会越来越清楚，所以也特别希望接下来您的规划可以顺利完成。

后记
频繁直播能带来热度的持续升温吗？

采访完小杰之后，有一个问题始终困扰着我。他向我坦诚地说道，因为自己直播次数太少，导致掉粉严重，视频热度也有所降低、原本直播间人数可以达到上千人，可最近一次直播观看的人数只有400多人。有许多快手主播在直播间为自己的商品代言，快手小店货品的销量也因此而增长；而小杰的快手小店仅仅是为了"不落伍"，向其他主播看齐，因此直播过程中他也仅仅是向粉丝分享自己的生活，并未参与带货。不过，直播频率高就一定能维持热度吗？粉丝究竟想通过直播获得什么？是有关主播个人生活的更多信息，抑或是满足另一层面的消费需求，我认为这一点值得深思，并且也值得每一位主播反复斟酌。

一般来说，我们看到主播的粉丝基数后便会联想到他本人的带货能力。如果粉丝的目标极其精准，他就是为了从自己信任的主播处买到放心且必需的商品，那主播只是在闲聊就无法满足这部分粉丝的需求，长此以往就会带来流量的流失。但也有一部分粉丝就是冲着能通过直播间的互动来了解主播的生活、情感、个人性格，带货反而可能导致这部分粉丝的反感甚至厌恶。所以我们往往会看到主播在直播过程中一边畅聊个人生活，一边参与商品销售，这也是大部分主播直播间的内容。另外快手为许多草根主播提供了自我表演的舞台，他们能尽情展示自己"接地气"的一面，也能通过直播间完成即时的"演出"。"草根主播"的崛起，同时也反映了短视频用户审美的更迭。以往传统媒体平台的节目主持人未必能在短视频端口的直播里，竞争过那些没有接受过科班训练的"草根主播"，所以大家关注的不再是主播的语音面貌是否端正、声音条件是否出众，而是他和粉丝之间的"距离感"。正是因为草根主播们来源于大众，所以走入大众群体就会更为容易。而传统主持人他们由于日常工作的性质，导致其与受众之间会存在天然的距离感。如何缩减这份距离感，我想直播的频率或许可以让主播更快走近受众，将自己最真实的一面呈现出来，并进一步放大，才会让主播的个人形象更为"接地气"。

小杰先前提到自己做过几场比较特殊的直播，可以称之为"带货"，但更多的是帮助有关方进行的宣传工作。在自己的直播间里，他通常都是和粉丝实时发送的"弹幕"进行互动，抑或是主动介绍自己近来的工作安排，比较新鲜的工作经历等。这样的分享的确能够拉近其和粉丝之间的距离，但如果每次直播都只是聊天互动，除非是特别容易引起共情的内容，否则粉丝的热情总会被渐渐磨灭，何况直播的次数还不够多。因此频繁直播只是第一步，直播内容才是主播需要认真琢磨的关键一步。

所以，频繁直播不一定能持续提高自身热度，但它一定是提升热度的第一步。迈出第一步以后，主播才能根据粉丝的具体需求来调整或完善直播程序和内容。其次，语言作为直播的主要工具，主播的普通话不一定要多标准，但至少要让粉丝精准的接收到相关信息，其次要依靠真诚的表达打动粉丝，不一定要依赖多么华丽的辞藻，真实即可。此外，直播内容还要参考自己的定位，比如日常拍摄的短视频内容属于哪个领域。像小杰的直播间也可以展示自己制作较为简单的手工艺品的过程，让大家更直观地了解他日常创作的状态，这与他本人的视频内容定位也相符。所以主播的直播，不论首要目标是互动、才艺展示抑或是带货，都不能偏离本人的定位。美妆博主在直播间销售食品，这个可信度可能就会被打折扣。

而作为扎根农村的小杰，销售当地特色农产品也不是不可能，毕竟他长期生活在当地，也便于获取当地农业生产领域的一手资料，因此带农货并未偏离他本人的定位。所以在我看来，我之所以认为他时刻都很清楚自己要走什么路，正是基于他对自我的精准判断。我也始终愿意相信，只要他能保障直播频率以及农产品的质量，提升热度、推广特色农货的目标，一定会有实现的一天。

快手主播之道

云南小花

◆◆◆◆◆

快手账号：云南小花
粉丝量：980万
标签：云南扶贫电商新模式带头人
采访记者：杨广夏

记者手记

全国青联委员、云南共青团宣传推广大使，被央视评为"云南扶贫电商新模式带头人"。

2019年，小花参加阿里巴巴全国淘宝直播超级带货官比赛，荣获"村播大赛第一名"。

2019年8月，小花到杭州参加"全球女性创业者大会"，并与马云同台。

2020年4月，云南省人民政府决定永平县退出贫困县序列，这也正是小花说的"希望这个世界会因为自己的努力，而有一点点不一样"。

2020年6月，共青团云南省委组织召开了网红主播座谈会，并为新媒体主播代表马玲敏（云南小花）颁发了"云南共青团宣传推广大使"证书。

2020年8月，获得"新时代脱贫攻坚青年网络新锐主播"称号。

穷人家的孩子在谈理想之前要先生存

记者：您很小就出来赚钱了吗？

云南小花：对。

记者：为什么这么着急赚钱？

云南小花：上小学的时候，我记得老师问你们的梦想是什么，然后班上好多同学说当医生、当老师之类的，问到我的时候，我就说我的梦想是成为一名演员，我对演员比较感兴趣，然后也很喜欢舞台。我印象很深的是我上到小学六年级的时候，当时全村所有的小学、初中、高中要选出两个人，可以去我们的省城电视台表演节目，省城当时是我们梦想的一个地方，我被选中，我觉得非常开心。只是要交 200 块报名费，我家里那时候很穷，拿不出来 200 块钱，我特别伤心，就当着家里面所有人在哭，哭了将近 5 个小时左右，真的特别难过。那一次我特别强烈地感受到，穷人家的孩子是没有资格去追逐梦想的，感觉在金钱面前，梦想很不现实，很容易被摧毁。当时我就觉得，在生存还有梦想之间，我们只能先选择生存。

所以后面我很坚定，就觉得我应该先赚钱。我 13 岁就开始利用假期打工，13 岁到大学毕业之前，我做了很多不一样的工作。但那时候我还未成年，所以都是在爸爸的朋友家或者是亲戚家的饭店帮忙洗碗、端菜、扫地拖地，干些打杂的活儿。慢慢地，我就去做一些衣服店面的销售、手机销售、策划幼儿游戏去带孩子，然后还做过婚礼司仪等很多工作。毕业以后，我去了省城昆明，也是云南省最发达的一个城市，然后就在那边选择了一个工资也比较不错，比较稳定的工作——幼师。

电商像一个隐形的超级英雄，保护了农村家庭

记者： 毕业的时候有没有想过去大城市发展一下？

云南小花： 毕业以后有想过去北上广发展一下，但是家里面不同意，后面还是选择了在昆明这边工作。我在没有做幼师以前，也没有来过我们省城，也没有出过我们省，更不知道北上广是什么样子。

记者： 为什么后来辞职不当幼师了？

云南小花： 2018 年的时候，我妈妈生病做手术，我就干脆辞职回家来，照顾妈妈，工作的话就只能回农村来发展。

记者： 您是怎么接触到新媒体，成为主播的？

云南小花： 有三个原因：第一个原因就是 2018 年的时候，

丽江紫皮大蒜滞销，当时我看到很多媒体在发报道，电商平台也在帮忙。我们这边有一个比较专业的电商平台，他们团队很强大，然后就把丽江滞销的紫皮大蒜卖出了 50 多吨，我就觉得互联网真的好强大。我们自己也通过帮他们转发朋友圈，卖出去了 10 多吨大蒜。那一次我真的是被震撼到了，第一次感受到了互联网的这种力量，无形但强大。第二个原因，因为我是农村出生的孩子，可能更加能感同身受，就是更理解那些滞销家庭的不容易。因为从小也会听爸爸妈妈或者是亲戚讲，哪里的东西滞销了之类的，所以就更能感受到他们的艰辛。第三个原因，我特别想回农村去，可能也是因为小时候没能去省电视台表演那件事。因为自己也曾经是农村里面无助的小孩，拿不出 200 块钱去站上省舞台，就更觉得电商像是一个隐形的超级英雄一样，改变了很多农村家庭，甚至可以保护一个小孩子从小种在心里的梦想。所以当时很多种原因交织在一起，我最后选择了回家，选择了新媒体。

记者：新媒体也好，主播也好，对您来说都是新的领域。在进入这个领域的过程中，是不是有很多压力和挑战？

云南小花：压力和挑战非常大。当开始决定做这件事以后，我发现好像并没有想象中那么简单。因为你要学开店铺、拍视频、剪辑，还要会策划、会运营，然后还要懂电商，懂物流，等等。但是我自己只是喜欢面对镜头，其他东西我都不会。因为我哥以前做过一些线下的活动策划，所以我就想跟他一起来合作。

记者： 身边的人支持您吗？

云南小花： 除了我爸妈以外，没有人支持我。因为当时我的工作是幼师，一个月工资是 3000 块，3000 块对于我来说其实已经很好、很安稳，毕竟我从小在村里，没去过什么大地方，这份工作对我来说已经很好了。所以当时我身边的朋友都觉得我疯了，做什么短视频，做什么电商，听都没听过。那时候是2018 年嘛，短视频和电商还不像现在那么普及，身边反对的人挺多的。只有我爸妈支持我，说不管我做什么决定都会支持我。

记者： 这么多人反对，您当时有质疑过自己的选择吗？

云南小花： 刚开始的时候会有一点忐忑，因为真的挺难的，每天在山上跑，在山上拍视频，没有休息的时间，但还是没流量没粉丝，开销都是花自己的积蓄。坚持不下去的时候我就想，我给自己的期限是两年时间，如果两年以后一点起色都没有，那就各回各家，各找各妈。

记者： 怎么组建的团队？

云南小花： 一开始，我也不认识什么人，就只能找身边的人。其实我身边好朋友也挺多的，但大家都不愿意来，觉得有点儿冒风险，而且我自己也没什么把握，没什么经验。后来我就跟我身边关系比较好的几个朋友，讲了一下我的想法，最后约了三个志同道合的人来做这件事情，我哥是其中一个。当时我们连办公室都没有，还是跟我哥的朋友借了很小很小的公司杂货

间，刚好能够摆一张桌子、四个板凳的那种，在那里待了一年。后面是得到了政府的帮助，当时云南省团委找到我们，让我们搬到青年创业园区，给了我们一个很便宜的工位价格，帮助我们创业这样子。

记者：四个人的团队忙得过来吗？怎么分工？

云南小花：分工的话是一个小姐姐负责拍，我负责出镜，我哥负责策划，剩下一个人全方位把控。但实际操作起来分工没有那么明确，有时候一个人身兼数职，比如我又要当演员，又要写脚本，还要当客服。后来有能力了之后我们就招聘各个领域专业的人，像专门剪视频的，专门做售后的，团队在慢慢壮大。不过团队内部经常有人员流动，有些人做着做着发现不适合，有些人觉得太累、太辛苦，就走了。

被狗咬、被蜜蜂蛰，做全网"最危险"的主播

记者：您的标志性口号是"带你寻找云南最原生态的味道"，为什么把"原生态"定位为核心词？

云南小花：当时我们想着做这件事情的初心，就是通过互联网的力量，把藏在云南大山里的好东西给带出去。而且大家一听到云南，很多外省朋友们就会想到山、大自然、大象什么的，我们觉得"原生态"是云南非常鲜明的地方特色，就想了这个口号。

记者：你们把自己找农产品的过程称为"上山下乡"，到目前为止一共去了多少个地方？

云南小花：一共去了40多个村庄，走了8000多公里的路。因为农产品是有时令的，所以有些村庄我们会固定某个季节去。

记者：一开始的时候，是怎么找到这些农产品滞销的村子的？

云南小花：有些是通过网络或者电视上的报道知道的，然后再自己找着去这些地方了解情况。我们也加了几个云南的电商群，他们里面会有内部消息，后面慢慢地做起来之后，就有人主动地私信你。

记者：没粉丝没名气的时候，村子里的农户信任您吗？

云南小花：他们是不信任你的，有些人还觉得你就是骗子。但是人嘛，不信我可以信钱，对不对？所以一开始，我们先自己垫钱给他们，就是花钱先从他们那里把货买过来，然后自己再卖出去。那时候我粉丝不多，经常是不仅不赚钱，还倒贴钱，像我2018年、2019这两年,是没钱赚的。那些农户,他们看到你的认真你的负责之后,慢慢地就开始相信你了,愿意把东西交给你卖。

记者: 听说你们在上山下乡的时候,一年就报废了一辆车?

云南小花:对,那辆车是一个二手的五菱宏光,因为也买不起新的,哈哈哈。五菱宏光的质量还是挺好的,那辆车之前已经开了很多年都没有坏,然后我们开了一年就报废了,所以这些路真的特别难走。山上的路都坑坑洼洼的,很多时候我们的车子会直接陷在那种泥坑里面,开不出来,都是找当地的村民拿绳子或者是人力硬把它拉上来。我印象最深的是2019年去江城那次,那边的沃柑滞销,去那边的路特别难走,光是到那里就花了一天的时间。

记者: 山上的住宿问题怎么解决?

云南小花:有时候是住山里的农户家,但如果时间太长,也不好意思再麻烦人家,有时候我们住山下的旅馆。

记者: 山上的信号一般都不太好。

云南小花:对,山上信号是个问题,所以上山的时候,我们电信、联通、移动都准备好,哪个有信号就用哪个。不过跟刚开始做的时候相比,现在的信号好太多了。

记者: 找原生态的过程中,遇到过哪些危险和意外?

云南小花：那太多了。

【在西双版纳被蜜蜂蛰肿腿】

那次我们是去原始森林找树洞蜂蜜，这个地方跟缅甸离得特别近，一般人都不能进去，如果要进去的话必须找当地人带领着你进去。因为靠着缅甸，所以门口有很多带着枪的士兵在检查和巡逻，要提防那些进去做违法生意的人。进去的路特别陡峭，很多地方要徒手爬山爬上去，到了地方之后蜜蜂满地都是。在进去之前，我其实已经做了很好的保护措施，我的头、手、脚全部都保护得很好，就是裤子的裤脚有点大。

当时我一不小心踩到了地上的蜜蜂，它们就顺着我的裤脚钻进去一堆，大概十多只的样子，我的那条腿被叮得很肿，就是腿要断了的那种感觉。那个地方交通不方便，下山还需要很长时间，所以没办法及时下山。其实那一次我们所有人都被叮了，我是被叮的最严重的一个，后来我的腿疼到走不了路，实在是太多包了，一直痒了两三个月才恢复，那期间还要保持正常的工作节奏。我们团队里有个小姑娘也伤得很重，那次她是第一次跟我上山，不小心在一个坡上摔了下去，把手给摔断了。当天也是没办法赶到医院，第二天才去医院做检查，然后医生说小姑娘伤得很严重，必须得动手术，当时我心里挺不好受的，很心疼她。

【在危险的斜坡上打板栗】

有一次是去山里打板栗，那个山坡特别斜，我打的时候要拿一根特别长、特别重的金属杆子，控制不好杆子的时候就容易跌倒。跌倒也没关系，关键是地上全是刺球，因为板栗长在树上的时候，外面的板栗壳就是那种带刺的绿球，干了之后特别扎手，手上被戳了很多小伤口。

而且那次我还差点被狗咬了，农户家里都会养大狗，当时农户正好不在家，狗就以为我们是来偷东西的坏人，直接扑上来，我的整个手都进了它嘴里，幸好我反应快，及时抽出来，不然得去打狂犬疫苗了。

【被爬到背上的蜈蚣咬了一口】

2019年在玉溪卖橙子的时候，我们住在了农户家里，晚上睡觉的时候我就感觉有什么东西在身上爬，我用手一抓，是一条15厘米长的大蜈蚣，然后我条件反射一样赶紧丢出去，结果丢到了我旁边小姐姐的床上。现在这个小姐姐还有心理阴影，出去住的时候睡觉都穿着衣服。以前我真的很怕虫子，现在练出来了。

记者：不知道会不会触及您的伤心事，听说您前段时间得了肿瘤？

云南小花：对，因为作息实在是太不规律了。以前在幼儿园上班的时候我作息很好，早班的话下午3点半就下班，晚班的话5点半也能下班，作息很健康。但现在这个工作，很多事情都要你亲力亲为，这里赶路那里赶路，没时间休息。而且吃饭对我来说就是个问题，我是回族人，吃饭不方便，有时候为了找个能吃饭的地方要开一两个小时的车。所以我们很多时候都是早上饱饱的吃一个早点,然后上山,一直到晚上 10 点,甚至 11 点左右才下山,再去吃晚饭。这样的日子过了两年,对身体伤害很大,就得了肿瘤。

记者: 当时拿到结果的时候,您是什么样的感觉?

云南小花: 哭到麻木。当时拿到检查报告的时候我就哭了,他们还拿手机录了一个视频,我就对着镜头跟粉丝讲,一定要好好吃饭,注意身体。就是真的有感而发,以前从来没有想过自己会上手术台之类的,因为我从小到大身体素质挺好的,没有想到自己这么强壮的身体会得肿瘤,要动手术。

记者: 生病期间有好好休息吗?

云南小花: 其实生病期间,还在想自己不能直播的事。我手术后休息了 5 天,之后就又上山了。因为这件事我妈跟我吵了一架,他们想让我休息一个月再工作,就觉得我太拼了,不爱惜身体。但是没办法,很多事情都得你自己去做,你不出镜就没办法发短视频,你不直播的话就没有订单产出,还有这么多农户等着你去卖货,

所以我不开工其他人也没办法开工。

记者：身体是本钱，现在有调整作息吗？

云南小花：现在比以前作息好，我们团队的小伙伴非常关心我，跟他们出差到点了就催我睡觉，不让我熬夜。

马云老师等了我十分钟，我感觉错过了"几个亿"

记者：先聊聊您自己，您有给自己立人设吗？

云南小花：有吧，我以前是个美女，现在变粗糙了，哈哈哈，开个玩笑。其实说到人设的话，我觉得需要思考一下什么是人设。我觉得人设它不是说你给自己设置一个虚拟的形象，然后你去演它。比如说你是个学渣，然后你的人设是个学霸，再比如说你是个花心大萝卜，你却要给大众呈现出你是一个专情、专一的人。我认为人设不是说你去演一个虚假的东西，你演的了一时，演不了一世。

我的人设可以从两个方面来说：第一个是让大家能够记得住我，包括形象、标志性的服装，等等；第二个是坚守初心，做自己。我要让大家知道我在做的是什么事情，而且是一直在做的事情。可能我做一天大家也记不住，那我就坚持做两年、三年、四年，甚至几十年就做这一件有意义的事情。

记者：在短视频里呈现出的性格是您生活中真实的性格吗？

云南小花：我在视频里面的性格是我在生活中跟熟人的性格。其实我是一个很慢热的人，但是熟了以后就特别疯然后话特别多。有一次我印象很深，我出去做活动，当时是跟一些不认识的人坐在一桌吃饭，然后他们彼此都是认识的，他们在聊天说笑话，也没有人问我话，所以我就不讲话，其实是有一种融不进去的感觉。后面一到直播的时候，我就像换了个人一样，很热情，他们可能就觉得我特别假，特别会演。其实我想说的是，我的粉丝2018年开始就跟着我，我是把他们当成老朋友来相处的，在粉丝面前我就能放开自己，展现我最真实的样子。

记者：您是一个回族人，为什么选择穿白族的衣服？

云南小花：有三个原因：第一个原因是我一开始拍短视频的时候，穿过很多不一样的民族衣服，穿了很多套，但是我发现穿白族这套衣服辨识度很高，大家就都知道我是小花。第二个原因是，云南是全国当中少数民族最多的一个省份，然后我是大理人，大理是白族自治州。后来我了解了一下，其他地方虽然也有白族，但都是从大理这边迁移出去的，就说明白族在大理才有。我觉得既然

是少数民族最多的省份，我也想给大家宣传一下我们云南这边的少数民族文化，大理白族是一个很有代表性的民族，我就选了它。第三是因为，2019年的时候我参加了全球女性创业代表大会，结束的时候马云老师点名说，想跟我谈一下，当时我被记者们围着采访拍照，他们个子很高，我很矮，人群里看不到我，工作人员给我打电话我也没听到，然后马云老师等了我十分钟，没等到，他就走了。

记者：错过了几个亿。

云南小花：对，错过了几个亿，就是那种要当场吐血的感觉。我那天穿的是白族衣服，如果下一次还有机会见到马云老师，希望他能够认出我来。

记者：您在视频里削了很多奇葩的东西，削鸡蛋、削榴莲、削鱼皮什么的。"万物皆可削"这个创意是怎么来的？

云南小花：一开始我们就是为了有流量。当时坚持了半年，一点起色都没有，粉丝也不怎么涨，真的很想放弃，但是又想到，我给自己的期限是两年时间，现在才过了半年，想再试试看有没有别的突破口。我们是卖水果的，就想说能不能在水果上面做文章，当时就想到了削皮，大家削皮都是削普通的苹果皮，我们削其他的皮试试看。刚好那时候我们在卖葡萄，我就削了个葡萄皮，那么小一颗葡萄，皮削了得有一米长，然后那个视频一下子播放量破千万，我真的超级满足。

记者：找到了一个新路线。

云南小花：对，后面又尝试了几个，发现大家确实喜欢看你削皮。你说削皮难吧，其实也没有那么难，就是考验你的耐性。比如我削一个榴莲皮，视频里加速成几十秒，但其实我得蹲在地上一动不动的削六个小时，一刀一刀慢慢地精雕细刻，从天亮削到天黑，一直蹲在那里维持一个动作，身体会很难受，所以削皮特别考验人。

记者：每卖一样农产品，你们会拍一系列创意短视频，比如蒙自红石榴，有徒手捏石榴汁、做石榴饭等。在拍这些短视频前，需要做多少准备？

云南小花：一方面我们会线上了解，在拍摄之前会在网上查很多资料，对这个产品以及产地进行了解；另一方面，我们会实地考察，去了当地之后，我们要从早到晚跟着农户走一遍，了解他们的工作流程和劳作信息，几点浇水，几点施肥，因为每个地方跟每个地方都不一样，所以必须实地去考察，全部走一遍。了解完之后，晚上开会讨论，写脚本、写策划，之后在山上驻扎一个星期拍短视频。

记者：您卖昭通丑苹果的时候，有一条短视频是农户们谈自己的烦恼和幸福。农户出镜的这些视频有设计过吗？

云南小花：有，但怎么说呢，有也相当于白搭。其实我们一开始的想法是，能够得到一些比较出其不意比较搞笑的回答，或者是一些让人很有共情的回答。但是你做下来就会发现，你想要的东西跟农户们讲，如果他们按照你的思路给你讲出来，就会显得特别假大空，你知道吗？他们真的太淳朴了，不会演，他们跟你聊的东西都是真实的，就是自然聊天的那个状态非常有真实的力量。所以后面我们就先征求农户的同意，在他们舒服自然的状态下悄悄去记录，偷偷去拍，比如把手机插在口袋里，或者找一个不显眼的机位，把这些最真实的东西记录下来，这样更能打动人。

记者： 有评论说您在请老演员作秀，您看到会生气吗？

云南小花：以前会，现在不会。我觉得做互联网真的要内心强大，以前有人说这样的话，我都是会跟别人吵架的，后面你会慢慢发现，没必要，做好自己就够了。我现在就是随便你怎么说，我刀枪不入。那句话怎么说，你能承受得住多大的赞美，就得承受住多大的诋毁。

十个网红有九个不愿意卖水果，我是剩下的那一个

记者： 您的直播很多都是在户外，其实户外直播比室内直播更辛苦。

云南小花：对，因为我们的口号就是带大家去寻找云南最原生态的味道，你总不能天天在室内，所以我们能在户外就在户外。户外直播它很真实，我有时候在田间地头直播，有时候

在山里的树林直播，这样子就感觉拉近了跟大自然的距离。

记者：户外直播需要做哪些特殊准备吗？

云南小花：在户外有些危险是很难预知的，比如你也想不到会突然被狗咬，所以我们会带很多药和医护类的东西。其实相比于保护自己，我们更多的是保护好手机。像夏天的时候，手机拍视频拍着拍着就自动关机了，因为温度实在是太高了。所以我们在山上会准备很多冰袋，不是自己用，是给手机降温。

记者：一开始你们四个人一个学农的都没有，选品怎么办呢？

云南小花：一开始的时候，我们四个来操作，选品什么的都自己去弄，但我们不是农业出身，很多地方都不懂，而且这种事情也不是说一两天就能学会的，所以一开始效果不太理想。后来我们就找专业的电商团队合作，让他们进行品控和评测。

记者：卖水果受自然因素的影响很大，会不会很难把控？

云南小花：水果是大自然生产的东西，非常难把控。之前卖人参果就翻过一次车，发出去的时候是好的，但客户收到之后就变成黑心的，我们现在都不知道为什么，不知道是因为天气还是因为运输原因，这种问题可能要专门研究水果的专家才能解决。

记者：人参果事件后来怎么处理的？

云南小花：那次对小店的口碑影响挺大的。果子发出去是好的，但是我们不知道在路上会经历什么，这没办法控制。从那之后我们就决定加强售后，收到之后只要出现问题，就拍照发给客服，我们坏一赔二。农产品的利润其实非常低，到目前为止，我还没有看到哪家卖水果的坏一赔二。这样做其实就是不想让大家对我失望，不想辜负大家的信任，我们想把口碑长期地做下去。

记者：这样售后压力会更大。

云南小花：确实挺大的。农产品本来就风险高、利润低，现在我们是坏一赔二，利润就更低。但怎么说，我们做这些就是不想辜负大家的信任，我觉得值得。

记者：所以您直播的时候说，自己是全网这个级别粉丝量里最穷的女主播。

云南小花：这是真的。我认识的做互联网的朋友还挺多的，感觉他们都非常有钱。我平时生活里，确实很节俭，从小到大都是这么过来的。不过身边有些人会觉得，你几千万粉丝的话应该很有钱，我也不想做太多解释，就笑一笑。对我来说，我做的这件事情很有意义，我们赚钱也只赚自己该赚的，只挣自己的辛苦费，良心钱。

记者：其实水果对物流要求很高，你们去的都是偏远山区，

物流问题怎么解决？

云南小花：水果生鲜为什么这么难做，最大的一个问题就是物流。有些地方实在是太偏远，一是物流比较慢，二是你拍完之后没办法立马给你发货。物流这个问题也不是一天两天能改变的，需要大家长时间的一起去努力、去改善，我们作为经营者就努力把自己做到最好，我们在每上一个产品之前，会先卖或者送一小部分做测试，看看大家的反馈怎么样，会不会因为运输让果子变坏，反馈好的话就继续卖。路比较偏的地方，我们就不会在当地发布，我们会把产品一车一车拉到大理或者昆明这些物流方便的地方，然后再开始进行大量发货。

记者：卖水果这条路不好走。

云南小花：对，我感觉卖水果是所有电商里面最难做的。我 2018 年还是 2019 年的时候，有幸见过薇娅老师一次，她来我们这儿做一个扶贫的活动，我们当地政府的领导说我可以去现场看，学习一下。那天是她的生日，在直播的时候薇娅老师就哭了，因为刚好前段时间出了事故，水果卖出去很多人收到是坏的，网上的人都在骂她，她就说做生鲜真的太不容易了。我当时就觉得太有共鸣了，10 个网红有 9 个不会去卖农产品，尤其不会去卖水果。我也感觉我们挺有勇气的，选择了这么难走的一条路，现在我们肩上背负着责任感和使命感，所以要坚定地做下去。

希望这个世界会因为自己的努力有一点点不一样

记者： 在您所有的互联网平台中，快手上粉丝是最多的，快 1000 万了。在涨粉和保持粉丝黏性上有什么心得吗？

云南小花： 快手的粉丝黏性很强，而且官方对我们短视频的流量扶持强度很大。不管是涨粉还是保持粉丝黏性，有一个点我觉得很重要，就是让粉丝有参与感。我们有两个系列，第一个是万物皆可削，我们会收集大家的愿望，想让小花削什么东西，我就会去满足他们；第二个系列是抄粉丝 ID，我会专门开个直播，把粉丝们的 ID 认真抄下来，他们就会很高兴，很有参与感。这两块儿涨粉也是涨的最多的，我就想让粉丝们知道，他们不是孤独的，他们是跟我一起的。

记者： 听说有个粉丝跟您私信聊完，就收拾包袱过来加入了您的团队？

云南小花： 对，她现在就坐在我的旁边。真的挺奇妙的，就是因为相信我，觉得我们做的事情很有意义，然后跟我在私信上聊了几句，就决定加入了。后来她把工作辞了，房子退了，都不知道我这边她能不能做，也不知道我是不是坏人或者骗子，就直接一个人开车过来加入我们，现在已经待了一年半了。她是很勇敢、很能吃苦的一个小姑娘。

记者： 在经营快手的期间有遇到什么瓶颈吗？

云南小花：现在我就有一个最大的瓶颈，就是直播间人气不高。目前的订单大多是靠短视频和快手小店卖出去的，不过之前也确实太忙了，没有太多的精力去经营直播间。所以我今年的目标就是把直播间的人气做上去，目前已经有一个大致的规划，如何更好地分配时间，如何改变直播场景等，现在还在测试阶段。

记者：快手推出了很多与扶贫相关的活动，有帮助到你们吗？

云南小花：有。快手之前发起过一个话题，叫作"致敬中华拓荒人"，我很荣幸地跟袁隆平爷爷出现在一张海报上，这件事情也帮助我更好地建立了信用背书，增加了粉丝还有路人对我的信任程度，这些方面快手是很给力的。

记者：在你们扶贫助农的过程中，有没有让您印象特别深刻的故事？

云南小花：我们当时在蒙自卖小黄姜的时候，遇到一个农户，我们叫他熊哥。熊哥30多岁，是一个残疾人，腿脚很不方便，而且是两条腿都不方便，走路很困难。他本来有个哥哥，后来离开家再也没有回来，所以他作为一个残疾人士，要全部肩负起养活自己和赡养爸妈的责任，压力很大很大。我第一次见他，我就震惊了，我从小在农村长大，知道穷人家什么样，但我还是很震惊。屋子就那么一小间，经常漏雨，而且他们家有一头牛，我第一次见到人跟牛住在一个屋檐下，这牛是他们家最值钱的

东西，就怕它被偷走。熊哥见到我，就握着我的手哭，说非常感谢我来他家帮助他。熊哥自己家里种小黄姜和玉米，生意人都讲究效率，今天我要多少明天你就得给我挖出来多少，但是熊哥身体不方便，没办法这么快地挖出来，所以他们都不收熊哥家的。我们从 2018 年开始，每年都去熊哥家里收小黄姜，现在熊哥的日子比以前好多了，听说还盖了新房子。这件事情带给我很大的触动，就觉得，原来自己做的事情，是真正意义上能够帮助到别人的事情。

记者：相比较于赚钱，这份工作现在带给您的使命感更重。

云南小花：刚开始做的时候，我想的是赚点钱一个人吃饱喝足就够了。但现在慢慢地关注你的人越来越多，粉丝越来越多，你身上背负的东西也越来越多，加之又成为第十三届全国青联委员，在扶贫方面也是带头人，我现在就想带领大家一起变得更好，让村子里的人生活得更好，所以责任感和使命感越来越重。

记者：除了使命感，这些光环有没有带给您压力？

云南小花：那句话怎么说，欲戴王冠，必承其重。其实有时候我会怀疑自己是否真的能胜任这些光环。我以前确实没想过自己会从事这个行业，也没想过会拥有这么多荣誉和头衔，他们每一个都对我意义重大，是驱使我变成更好的自己的一种动力。

记者：您在全球女性创业代表大会上说"希望这个世界会因为自己的努力有一点点不一样"，现在有没有达成这个"一点点"的目标？

云南小花：我觉得还不够。举个例子说，我2020年卖了800多吨农产品，可能800多吨听上去已经很多了，但其实你要给它具体化的话，这个数字是非常渺小的。2020年玉溪橙子滞销，我们收到的邀请函上写的是有1.2万吨滞销，我只卖出去200多吨。这个数字跟1.2万吨比起来，真的太少了，还得继续努力。

在"凉凉"之前，我要做更多有意义的事

记者：两年时间获得不菲的成绩，在您自己眼里，您觉得是运气成分多还是努力成分多？

云南小花：都有，但运气的成分要多一点。因为我身边有很多做短视频的人，他们没有做起来，我做起来了。我们一开

始想着一年做个 20 万粉丝，但是后面一年就做到了两三百万粉丝，就感觉运气比较好。可以这么说，时代成就了我们。我们处在一个互联网的时代，我们恰好选择了一条比较正确的路，又恰好找到了万物皆可削这个点，很多的恰好组合起来，我又付出了很多努力，才走到今天，我感觉自己挺幸运的。不过我现在的能力还远远不够，之后要继续提升自己。

记者：在别人眼里呢？

云南小花：在别人眼里，他们觉得你的粉丝好像是风吹来的，拍拍视频、削削皮就能成功，其实只有我自己才知道背后有多辛苦。像我一开始做短视频的时候，没有在朋友圈发过，所以也没什么人知道。两年时间把它做起来了，被刷到的概率就很大，身边同村的小伙伴或者以前的同学都会发截图过来，说一段时间不见你怎么这么多粉丝了。其实他们不知道，我已经在山上驻扎，跑来跑去两年了。

记者：您怎么看待自己"网红"的身份？

云南小花：我一开始挺抵触的。以前听到"网红"这两个字，会有一些不好的刻板印象，但现在我发现，怎么去定义这两个字完全取决于你在做什么事情，以及你是怎么定义自己的。你在做正能量的事情、在做积极向上的事情，你就是一个积极向上的网红；如果你在做哗众取宠的事情，你就是另一种意义上的网红。

记者： 会焦虑过气的问题吗？

云南小花： 我觉得过气是肯定会过气的。因为互联网这个东西你也说不准，网红这个东西就是长久不了，说实话你也不知道你什么时候会"凉凉"，所以我希望在"凉凉"之前能帮助大家做更多有意义的事情，帮助农户卖出更多农产品，让他们过上好日子。

记者： 红了之后遭受过非议吗？

云南小花： 非常多。比如说你卖惨啊、作秀啊、赚黑心钱啊之类的。

记者： 印象最深的是哪一次？

云南小花： 是说我们卖番茄赚黑心钱那次。那次真的是一分钱不赚地去做助农活动，但最后被全网骂得很惨。当时的情况是，番茄再卖不出去，它就真的全烂在地里了。那时候是夏天，天气很热，你不能用普通快递，只能用顺丰，你还得弄个保温箱，还得加冰袋，还得加上包装费和打包费，这些都是成本。我们当时已经把所有成本价一项一项列出来放进视频里，告诉大家完全没有中间费用，我们完全不赚钱，但还是被很多人骂。毕竟番茄哪里都有，单价又低，又不是说我们这里的番茄比其他地方更好吃，但是没办法，如果再卖不出去，番茄就真的烂在地里，农户们的日子不好过。

记者：当时定的价格比市场价要高？

云南小花：对。为什么会高，是因为成本价降不下来，光是保温盒和冰袋就已经好几块钱了，所以那次真的是好心办坏事，没有考虑的这么全面。不管怎么说，都是宝贵的经验吧，确实有些东西就不适合这么卖。

记者：被误解的时候难过吗？

云南小花：难过肯定是有的，但是认真想一想，确实也有自己的原因。我们没有把整个思路理清楚就去做了，只知道要卖出去，更多地替农户考虑，没有真正站在消费者的角度去想这件事。

记者：您怎么消解自己的这些负面情绪？

云南小花：和以前相比，现在的负面情绪少多了，可能是因为习惯了，也可能是因为内心越来越强大。毕竟从13岁开始，我就做过很多不一样的工作，发传单啊、服务员啊、幼儿园老师啊。尤其是刚开始做短视频，我当客服的那段时间，真的又难又锻炼人，你要有足够的耐心和不同的人打交道，明明是对方的错你还要去安抚对方情绪，这些经历让我变得更坚强。像一开始别人骂我，我会挺不住，现在就觉得，只要我自己问心无愧就行了。

记者：**在这么多主播里脱颖而出不是一件容易的事，您觉得自己身上哪些特质帮助了您？**

云南小花：第一个特质是我很亲和，像一个知心大姐姐。对我来说没有什么粉丝不粉丝，大家的关系更像朋友，我跟他们之间的相处没有包袱。第二个特质是我很"原生态"，在短视频里或者直播的时候，我基本不化妆，头发一抓就直接出来跟大家聊天。有一次很搞笑，我在直播的时候擤鼻涕，然后有个人进来直播间，就觉得很奇怪，你一个主播怎么在直播间擤鼻涕，我就说擤鼻涕怎么了？他就转弯说一句，爱了爱了，觉得我非常真实。我真的是把他们当成现实生活中的好朋友来相处。还有一次是我在菜市场摆摊的时候开直播，因为我爸妈是菜市场摆摊卖肉的，现在也还在卖，所以我在家的时候都会跟着他们去菜市场卖东西。然后那天我开直播，有个人就说，天啊，你这么多粉丝竟然还在摆摊，丢不丢人？我跟他讲你觉得摆摊很丢人吗？我爸妈就是靠摆摊才把我养这么大的，我觉得他们很厉害。他们就觉得这个小姑娘三观还挺正的，可能这也是我吸引大家的一个特质。

后记
用直播让财富比公路先进村庄

　　自然、阳光、野蛮生长的旺盛生命力，这是采访完小花后留在我脑子里的一些印象，也是我想象中的云南缩影。她的笑容仿佛是倾泻在重峦叠嶂上的炽热阳光，那种感染力让人无法抵抗。你在镜头前永远捕捉不到她的疲态，仿佛山野乡间就天生是属于她的乐园。

　　小花说从没想过有一天会被这么多光环笼罩。在她看来，自己的成功是个奇迹、是个偶然，但在我看来，这是时代发展的必然，或许这么说，她是一个被时代选中的人。传播学家麦克卢汉说："媒介即信息"，重要的不是传播内容，而是传播媒介。短视频和直播作为新一轮技术革命的产物，给我们的生活带来了翻天覆地的变化，也让个人的力量变得巨大，最直接的例子就是"带货神话"：李佳琦和薇娅。小花和他们一样，也被这轮技术革命赋予了巨大力量，让她成为维系云南与外界的桥梁，成为守护云南的"超级英雄"。小花是这个时代的宠儿，希望这个世界会因为小花的努力有更多不一样。

第四单元
职业音乐人的"跨屏传播"

2019年11月23日,快手联合QQ音乐、酷狗音乐、酷我音乐和全民K歌,共同发布"音乐燎原计划",五大平台将整合亿万资源,帮助更多音乐人出圈。在此之前,就有许多职业音乐人入驻快手,在官方的扶持下,他们开始在短视频里大放异彩。

比如1979年出生的祁隆,他成长在山东菏泽的一个小村庄,从小接受到的音乐熏陶十分有限。也许是天赋和兴趣使然,高中三年他把大部分时间用来学习音乐。参加艺考,进入自己向往的音乐学院,成为一名专业的歌手是他对自己人生的规划,但学习艺术需要很大的成本,高考结束后,他暂时搁浅了自己的音乐专业之路,放弃了艺术院校,选择了报考北京物资学院英语系。好在大学校园有许多一展歌喉的机会,他参加学校组织的歌唱比赛拿到了第一名的好成绩,并很快组建了属于自己的乐队。走入社会后,祁隆先后做过证券公司的销售员、印刷工人、装修工人等工作,但他一直没有放弃对音乐梦的追逐。一个偶然的机会,他得以在幕后帮助艺人作曲、作词。在幕后工作的那段时间里,他一直在准备着自己的原创歌曲《等你等了那么久》。这首歌一经发布迅速红遍了全国,现在依然是热门翻唱金曲。许多人评价祁隆是"歌红人不红"的网络明星歌手，如今他在快手上积累了近千万粉丝，他的"祁式情歌"也让更多人记住了他。

作为一名00后，陈逗逗如今已是有近3000万粉丝的快手主播。虽然年纪尚轻，但她已经在许多活动上崭露头角。2019年12月5日，她参加了由黑龙江和快手网络联合举办的"快UP·向北方"融媒创新大会；2020年1月23日，参加了由快手举办的快手大年夜活动；同年7月，快手召集了包括陈逗逗在内的7名主播组成了女子演唱组合KSGIRLS，同时发行单曲《多彩视界》；2021年2月4日，她又参与了快手联合央视打造的"牛人之夜"小年夜活动；在快手港股上市敲锣仪式上也有她的身影。在视频中，陈逗逗以清纯可爱的形象示人，扎起马尾给人感觉邻家又亲切，被粉丝称为"快手第一眉毛杀"。一把吉他，加上标志性的笑容和甜美的嗓音，调整好表情和灯光，陈逗逗就开场了。在爸爸的影响下，陈逗逗从小就在心里埋下了音乐梦想的种子。从几十个粉丝到几千万拥趸，她足足用了六七年时间，加上快手的支持，她的音乐梦想终于实现了。如今这名00后女孩的生活变得特别忙碌，她常常辗转于各个城市参加活动。在短视频平台走红后，她坦诚地说到是快手给了她机会。也许接下来的时间里，她会更加忙碌，也会随着组合参加更多音乐活动。

快手音乐人是如何实现蜕变的，他们又是如何通过歌声吸引粉丝的，祁隆和陈逗逗又会有哪些心得呢？

祁隆

快手账号：音乐人祁隆

粉丝量：919.3万

标签：音乐人

采访记者：李晓建

记者手记

祁隆总在自我介绍里说："我是音乐人祁隆。"

的确，和很多人一样，我先听过他的歌，然后才认识他。这恰恰说明他的歌是成功的，他是个成功的音乐人。有人在祁隆歌曲的评论区留言说："轻描淡写你就唱出了我的一生，你一定是一个小偷，偷看了我的人生。"没错，出身普通的祁隆是芸芸众生里和我们比较相似的那一个，但他也是父母口中别人家的孩子，是走得很远也没有忘记为何出发的邻家少年。家乡赋予了他不可磨灭的质朴，这种质朴在他的歌里，在他的脸上，也我们长达几十分钟的访谈里。没有架子，是我对他的第一印象。

他是一个全能的音乐奇才，是快手里拥有900多万粉丝的大网红，也是一个屡次被故事选中的人。在下文中，我会把他的故事分成了三个部分来讲，每个部分我都要取一个标题来总结，但是，最懂他的人不是我，而是他的音乐。

谁能知道快乐是怎样的选择

祁隆在其原创歌曲《人生路》中唱道:"有谁能够了解人生的寂寞,有谁能够打开生命的枷锁。这段人生路有谁陪着我,谁又能把握人生的潮起潮落。谁能知道幸福是怎样的生活,谁能知道快乐是怎样的选择。"

如歌词所说的那样,早期的祁隆是孤独又寂寞的。他出生于山东省菏泽市鄄城县的一个农村家庭,从小就发现了自己音乐方面的天赋,但因为家庭贫穷,他无法接受专业的艺术教育,也无人在潮起潮落和跌跌撞撞中为他指点人生。虽然一次次被现实的枷锁束缚,但他未曾放弃在挫折中寻求最快乐的选择。他告诉我:"虽然有很多打击,但是我一直清楚我自己是干啥的。你看现在歌迷、大众百姓不也一样知道我了?"

记者: 祁隆老师您是什么时候发现自己对音乐感兴趣的?

祁隆:我从懂事的时候就开始对音乐感兴趣了,但是小时候家里穷得响叮当,根本没有正儿八经学习音乐的机会。我是通过一步一步的努力去了北京上大学以后,才开始正儿八经追求音乐的。

记者: 那时候为什么会对音乐感兴趣?

祁隆:一方面是天赋问题,从小我就是班里的文艺骨干。那时候我们不像现在有手机、电脑这么多娱乐设备,小时候我喜欢听收音机，通过听收音机我学会了不少歌曲。另一方面我们菏泽享有"戏曲之乡"的美誉，在我们那里有大平调、枣梆、柳子戏、大弦子戏等八大剧种，在我成长的过程中这些戏曲段子对我也有很大的影响。

记者： 那时候对音乐喜欢到了什么程度？是觉得当兴趣爱好就行，还是说那时候已经想过以后要走这条道路？

祁隆：对音乐的喜爱是伴随我长大的，成为一个音乐人也是我一直以来的梦想。大概是高中的时候，我们面临着考大学、选专业，那时候我就更坚定了这个目标，但是那时候家里穷，爸妈都是普通的农民，根本不可能送我去接受专业的艺术培训。

记者： 在这种梦想与现实完全不匹配的窘境中，会有不甘心吗？

祁隆：没有不甘心，因为我知道那种无奈只是暂时的，只要我好好上学，考到大城市就还有机会。那时候我一心想考去北京，因为在农村搞音乐无非就是唱红白喜事，去了政治文化中心才能接触到真正意义上的音乐，但是去了北京不能没文化，如果以大学生的身份去还能少吃点苦，所以高中的时候我就好好读书，认真学习文化课，我的成绩在班里始终都是名列前茅的。

记者： 据我所知您高考考了600多分，可以说有很多选择，还是村里第一个大学生，后来为什么会选择去北京物资学院的英语系？

祁隆：其实那时候对我来说只要去北京就行了，哪个学校哪个专业都可以，无所谓，我是入学后自动被分到英语系的。我只想搞音乐，来北京我就可以专心做我的音乐了。

记者：您就那么坚信自己的命运是通过音乐来改变的吗？

祁隆：对！从小我就知道只有音乐才能改变我的命运，我对自己音乐天赋的判断非常准确，我不会看错自己的。

记者：可是音乐是有专业门槛的，就像我们常说的"内行看门道，外行看热闹"，喜欢是一码事，真正懂音乐又是另外一码事，它需要您有专业的乐理知识的支撑。您是什么时候开始学乐理知识的呢？

祁隆：七八岁吧。七八岁的时候不管是五线谱还是简谱，不用教我一看就懂，所以我很坚定以后会走这条路。高中的时候虽然学业繁忙，但我在这上面还是投入了很多精力，我看了很多专业的书籍，在课余时间自己琢磨、研究，而且那时候我已经开始尝试写歌了。到了大学就有更多的时间和精力让我做自己想做的事情。

记者：您做了哪些自己想做的事情？

祁隆：比如和同学一起组建了自己的乐队，我们一起参加学校内外的歌手大赛和各种各样的文艺晚会，也获得了不少奖项。反正我就是对本专业没什么兴趣,完成平时的课业任务后,就一直在研究音乐。

记者:您毕业后如愿去做和音乐有关的工作了吗?

祁隆:刚开始不算真正意义上做音乐方面的工作,我那时候白天去公司上班,晚上去酒吧唱歌。我毕业后先是进了证券行业,主要是给别人开户,后来又做了很久的印刷工作。一边上班一边唱歌,这样两边都能兼顾,既能继续搞音乐,又能挣点钱维持生活,再后来才做了十几年跟音乐有关的幕后工作。

记者:唱歌是您的兴趣,但是那时候下班去酒吧唱歌更多的是为了维持生活。所以您觉得这对您来说更多的是一个机会,还是一种无奈?

祁隆:没办法,刚毕业经济条件不好,在北京生活压力又大,一份工作还不能完全养活自己,没钱的时候我就去酒吧唱歌,每次还能挣一两百块钱,但是那段日子真是非常苦、非常累,而且我们在酒吧唱歌面对的是形形色色、各种各样的客人,除了好好唱歌之外,还得看别人脸色。

记者:家里人知道吗?

祁隆:家里人不知道我是干啥的,光知道我喜欢唱歌。我父母连字都不认识,只要我好他们俩都开心。

记者：但其实远在山东老家的父母是不是也不知道您是不是真的开心？

祁隆：是的，我报喜不报忧，他们不知道。

记者：后来您开始做幕后的音乐工作了，对您来说从一个业余的音乐爱好者到一个专业的音乐人的这段过程中，最难跨越的是什么？

祁隆：我跟别人不一样，我没想过说哪一天我非得成名或者我要赚多少钱，没那事，我只知道因为喜欢音乐，所以每当我做跟音乐相关的事情时我的心情都非常好。在我心里做音乐不分业余和专业，虽然我没有进过一天音乐学院的大门，但是我通过自己的努力读了无数音乐理论的书籍，包括作曲的方式、演唱的方式、音乐后期制作，等等，我把音乐的理论研究得非常透彻，所以说专业的我都懂，业余的我也知道。

祁隆早期照片

记者：真正做音乐后，有过不如意吗？

祁隆：有啊，太多了。音乐是一个高档的文艺职业，它需要强大的经济支柱和广阔的人脉才能让你有足够的发展空间。我是农村走出来，刚开始真是两眼一抹黑。在找传媒公司和推广途径的过程当中，人家一看我这个人名不见经传，又没钱又没身份，很可能就不理我了。

记者：有没有印象比较深刻的例子？

祁隆：比如有一次我约一个唱片公司的老板吃饭，在饭桌上我把自己录好的几首歌给他听，希望能寻求合作，人家口头上答应了，但是在我去买单的时候，我看见他把我的带子扔进了垃圾桶。那顿饭花了我1万块钱，其实那时候我卡银行里的余额总共也只有1万多块钱。咱也不是一米八大高个、浓眉大眼双眼皮，咱就是一般人，找别人出歌，别人就说你这形象真是异想天开。

记者：您觉得自己当时录的那几首歌怎么样？

祁隆：我觉得挺好的，毕竟那个唱片公司的老板也是我好不容易通过别人约出来的，这样的机会也不多，首先咱的歌质量得过关，但是咱啥也不是，别人不愿意理我。

记者：有人说"我要感谢那些曾经伤害过我的人"。现在回过头来，您会感谢那些不如意的经历吗？

祁隆：任何一个成功的人，在成功的道路上都会有很多的坎坷。对我来说，只有经过这些不如意才会成功。虽然有很多打击，但是我一直清楚我自己是干啥的。你看现在歌迷、大众百姓不也一样知道我了？

等你等了那么久

那些年，祁隆像是在苦痛挣扎中走过无数的弯路，又或许那是他必须要经过的路程。"春去秋来燕来又飞走""望穿秋水盼你几多愁""就这样默默想着你，就这样把你记心头"。在付出得不到回应的日子里，他依然保持念念不忘。追梦途中波涛汹涌，好在他蹚过了最艰难的那段河，一瞬间所有的情绪得到了宣泄——等你等了那么久。

记者：您第一次真正意义上被大众认识是什么时候？

祁隆：2011年我写了一首歌叫《等你等了那么久》，2012年的时候这首歌在网上火了。

记者：这首歌为什么能火？

祁隆：其实这首歌我在发行推广方面一分钱没花，我自己把它上传到了网上的各大音乐平台，大家觉得好听就开始传唱，就这样把我给传出来了。

我的东西我自己非常清楚,经过这么多年,我对音乐的品质已经有了一定的把握。大学毕业之后,我没钱制作自己的音乐作品,就做幕后为别的歌手服务,给他们写歌、制作、录音,这里面所有的流程我都了如指掌,也非常清楚百姓喜欢什么样的音乐,所以我故意写了这首歌,就知道这首歌能火。

记者: 您说的"故意"具体体现在哪里?在您看来百姓喜欢什么样的音乐?

祁隆:我故意把伴奏做得简单好唱、朗朗上口,因为一般旋律简单的歌更容易被大家传唱。

记者: 您创作这首歌的灵感来源于您自己的感情经历吗?这首歌的歌名叫《等你等了那么久》,歌里的"你"指代谁?

祁隆:其实不是的,并不是等某个人等了很久,这里的"你"其实是指我的音乐,这么多年我一直等待自己的音乐能被人听见,我等待这一天等得太久了。

记者: 终于等到了这一天,您是什么心情?

祁隆:有一句话你记得吗?一个人为了一件事情一直做着准备,并坚定这个事情自己肯定能行。在这个基础上,他一直做着努力,即使有一天他取得了成功,我相信这个人他不会感觉到特别兴奋,为什么呢?因为他一直朝这个方向努力啊!所以得到这个结果是应该的。如果他没有努力过却取得了成功,他才会惊喜和兴奋。

记者：那这首歌有没有解决您经济上的困境？

祁隆：后来有人要来买我这首歌两年的彩铃权，给我十几万呢，就把我给乐坏了。我心想咋那么多钱呢，后来才知道人家拿这首歌赚了更多钱。再一个方面，这首歌出来之后我就开始跑演出了。

记者：您第一次跑演出是在什么样的舞台？

祁隆：是在浙江台州的一个夜场舞台。歌手的起步，很多都要先走夜场，先挣钱。

记者：这个时候去跑夜场和早期去酒吧兼职有什么不同吗？

祁隆：以前在酒吧唱歌只能唱别人的歌，自己的歌火了之后就可以唱自己的歌了，出场费肯定也是不一样的。

记者：以前名不见经传无人赏识您的才华，那这首歌出来之后有经纪公司来找您签约吗？

祁隆：其实找我签约的经纪公司有很多，但是都被我拒绝了，一方面我自己不喜欢被签约的合同所束缚，我只想做自己想做的音乐；另一方面很多找我的公司其实并不缺少歌手，只是缺少写歌的人，他们找我的目的是为他们写歌。

感谢所有爱我的人

"我是一个普通的人,我是一个有梦想的人,沿着儿时我想走的路,从不回头也没有悔恨。经过多少风风雨雨,流过多少委屈的泪,风雨之后才能见到彩虹,没有随随便便成功的人。感谢所有爱我的人,感谢所有宠我的人,一路上无悔地陪着我,我是一个幸运的人。"

这是祁隆的歌曲《感谢所有爱我的人》中的歌词,文风朴实但情感真挚。采访中,他多次告诉我,自己只是一个普通人,没有老百姓听他的歌,就没有他的今天。这些年,他一直在努力,也一直在以他自己的方式回馈大家对他的爱。

记者:您有没有想过要做一个什么样的歌手?

祁隆:我这个人很简单,我想做一个大众百姓喜欢的歌手。我不喜欢另类的东西,老百姓喜欢就OK。

记者:所以这也是您给自己歌曲的定位吗?

祁隆：是的。当然"百姓"这个词的范围比较广，有普通的农民、工人、白领，等等。我希望我的音乐作品里面有百姓听得懂的，也有艺术价

祁隆录制天津卫视《你看谁来了》

值特别高的，什么都有，我要面向很多人群。我以前写的歌都是对百姓抒发感情，中年粉丝会比较多，现在我也想写一些面向学生的歌，比如今年就有一首歌是专门面向广大学生的，叫《祭奠青春》。"有一种爱叫作承诺，有一种爱叫作执着，有一种爱叫作悲欢，有一种爱叫作离合，你我在那个浪漫的青春的季节相遇，你我在那个繁忙的青春的季节分手，岁月带走的是我们对那段青春的记忆，时光留住的是我们对爱许下的承诺。"毕竟我也是从小学、中学、大学这样过来的，我想通过这首歌和大家一起祭奠我们的青春岁月，今年毕业季会全面发行。

记者：您的歌都很柔情似水，但是您本人却是典型的山东硬汉，这就形成了一个鲜明的反差。有歌迷在您的快手评论区里问，为什么最粗犷的男人却能写出最温柔的歌？其实这也是我的疑问。

祁隆：是的，我是山东人，虽然山东男人很硬气，但我内

心的感情还是比较丰富柔软的。这种情感大多来源于我对生活的观察。另外，我是学语言的，本身词汇量就比较大，平时也喜欢政治、历史、公共关系等各方面的书籍，它们都是我写歌的灵感源泉。

记者：其实这些年您创作了很多大家耳熟能详的歌曲，截至目前您自己最满意哪首作品？

祁隆：我不能有自己最满意的作品，不然以后就没有创作动力了。我现在在做一件事叫自我超越，以前的作品过去就让它过去了，我希望之后写出来比以前还要牛的歌，我一直在朝着这个方面努力。要说比较满意的歌，比如《人生路》《阿爸阿妈》，我都还比较满意。

记者：祁隆老师，我注意到您虽然在北京工作，但还是会经常回老家。

祁隆：是的，我今年过年的时候就回老家了。那家伙，天天好多乡亲们在我家门口堵着我，差点把我"吓"回北京了，哈哈哈……大爷大妈们还和我一起拍视频，玩得不亦乐乎。

祁隆演出照片

记者：听说您还给他们发红包了，一共发了多少？

祁隆：没多少，就是给自己村里 70 岁以上的老人每人发了 1000 元，一共 50 多个人，以后每年都是这样。

记者：家乡在您心中的分量是不是很重？

祁隆：当然，虽然说我们家是农村的，但是那个地方生了我、养了我，乡里乡亲从小看着我长大。家乡赋予了我当地的风俗习惯，塑造了我这个人现在的性格，那种质朴在我身上一直不可磨灭，所以说只要那个地方需要我，只要乡里乡亲需要我，我肯定力所能及地开干。

记者：很多人都称您为"菏泽的骄傲"。

祁隆：谈不上，谈不上。咱争名争利都没意义，反正大家喜欢我、认可我，我就特别开心。在我们菏泽可能大家还是比较喜欢我的。我最感动的、最想感谢的人也就是听我歌的老百姓，是他们生生把我给听出来的。就凭咱这个条件，要是没有他们去听，指望咱有今天是不可能，所以说我最想感谢的人还是他们。

记者：刚刚我们聊了很多您的成长史和奋斗史，现在我们再来聊聊您和快手的故事。我知道除了音乐作品之外，您的快手短视频和直播现在也非常受大家喜欢。您进军快手的目的是什么？

祁隆：其实有两个方面的原因：第一，新冠肺炎疫情的产生直接导致我们的演出没了，我有自己的传媒公司，如果没有演出我就无法维持公司的正常运营，说简单点就是我需要挣钱；第二，直播的形式可以直接和歌迷见面，是骡子是马拉出来遛遛，看看直播的时候歌迷喜不喜欢你，你直播的时候如果大家还喜欢你，你才是真正有实力的歌手，那些在电视节目里对口型的不叫歌手。

记者： 您用了多长时间在快手火起来的？

祁隆：我是百姓捧出来的歌手，所以我在快手一开播就有几万粉丝来观看了。其实我在哪个平台一开播都有几万人来看，后来我选择快手平台是因为它比较简单。

记者： 您觉得像快手这样的自媒体平台，对于您和与您一样的音乐人来说是不是一个全新的机遇？

祁隆：对于我来说，快手让我得到了我想要的，包括经济收入和歌迷朋友的喜欢，但其实这个平台也让很多所谓的"名人"变成了个"人名"。在没有直播之前，音乐人或者说艺人对于大家来说是神秘的，但直播之后你就是个正常人，你直播得好、唱得好大家就喜欢你，你要是播得不好就啥也不是，不管你以前有多大名气。它让人变得实际了，更脚踏实地了，也让大家认识了什么叫真正的明星。

记者：在快手的火热，也让您多了一个身份叫"网红"，您怎么看待这个身份和称呼？

祁隆：网红顾名思义就是网络红人。新媒体的发展产生了直播平台，也必然会产生网红，这是时代赋予的称谓。在一定程度上，这是一个推动社会经济发展的新兴职业，比如它让我们音乐人受疫情影响的损失变小了，但是不可否认它有利有弊，我相信随着时代的进步，负面的东西会慢慢地被祛除。对于我而言，我觉得疫情过后直播会慢慢消退，所以我还是要办正事，把重心放在音乐上。

记者：您现在有没有组建专门团队去负责快手账号的运营？

祁隆：有，我现在有三方面的团队，一个是电商方面的团队，一个是隆娱文化传媒公司的团队，一个是直播运营的团队。

记者：能不能跟我们介绍一下这三个团队各自规模及分工？

祁隆：很简单。我主要的团队是隆娱文化传媒公司的团队，是负责音乐制作的，里有录音师、混音师、编曲，等等，捧了很多人。有很多像我一样的老百姓没有钱，但是音乐天赋非常高，我就把他们挖到我公司来，我来出钱包装他们。第二个是直播运营的团队，这个团队人数比较多，比如我现在在快手做《隆娱达人秀》，这个选秀在快手非常火，我需要专门的团队去选人、制作。第三个是负责选货、盯货的电商团队。

记者：我能不能把您办《隆娱达人秀》理解为是回报社会的一种方式？

祁隆：就是这个意思。我希望尽我的微薄之力，让很多真正有艺术才能的人能够得到哪怕一点点的曝光度。我做的《隆娱达人秀》有十几万人在关注，所以最起码能让十几万人关注到他们，那么他们开直播的时候就会有所收入，当他们收入高了以后，就有足够强大的经济实力去制作属于他们自己的音乐。这样一来，他们的音乐事业就能起步了，这是最立竿见影的事。

记者：那您的电商团队大概有多少人？

祁隆：电商团队大概有十来个人吧。

记者：既然电商团队有这么多人，还需要您亲自对产品进行把关吗？

祁隆：那当然，别说自己把关，有的产品我甚至亲自生产的。我们既然在快手平台带货，就要把货选得明白，选得货真价实。在电商出来之前，产品经过运输、分发、摊位租赁等环节会产生很多空间的利润，无形中把价格抬得很高，到老百姓手里产品的价格已经远远高出它的价值了。电商确实让老百姓实惠了不少,产品生产出来以后直接面对老百姓,中间省去了很多环节,老百姓买东西就便宜了。价格虽然低了,但是咱得保证产品的质量,因为老百姓买我们的产品是对我们的信任。很多没有良心的主播会在直播间售卖假货欺骗粉丝,甚至通过演剧本来博取大家的眼球,骗着粉丝去消费,这些不良的现象都需要平台去加强管理。

记者: 咱们用最后一个问题来做一个总结,如果给现在的自己打分,满分10分,您会打几分?

祁隆:那打不了几分。我这人很随意,跟别的艺人不一样,我不求名也不求利,只想踏踏实实做我的音乐,能够通过我的力量帮助谁就帮助谁。我对自己没什么概念,我就是一个普通的正常人。人和人之间没有高低贵贱之分,只有职业不同,非得让我打分的话,最多5分,哈哈哈……

后记

近年来，快手等短视频平台为音乐产业和优质音乐人开拓了新的发展空间。祁隆是音乐人向新媒体平台转型的典型，是在漫无边际的短视频汪洋中乘风破浪、脱颖而出的获胜者。

祁隆坦言，快手让他得到了自己想要的东西，包括满意的经济收入和无数粉丝的喜爱。的确，祁隆与快手的结合可以用"天时地利人和"来形容。据《2020 中国网络视听发展研究报告》显示，新冠肺炎疫情期间网民娱乐需求持续转移至线上，带动网络视听类应用用户规模进一步增长。虽然疫情笼罩下的演出行业遭遇史无前例的寒冬期，祁隆的线下演出工作也几乎处于停滞状态，但这让祁隆有充分的时间和足够的精力去运营他的快手。其次，在快手用户短视频内容创作中，音乐是重要的组成部分，也是提升其影响力的"第一法则"，这对于以祁隆为代表的音乐人而言是天然的优势，它不仅能直接满足祁隆推广原创音乐的需求，还能通过推广音乐吸引更多的快手用户。在快手直播中，祁隆经常与其他网红连线互动，通过这种强强联合的方式来扩大受众群，这在线下是难以实现的。此外，快手进一步巩固了祁隆的粉丝社群。在传统媒体时代，偶像与粉丝之间缺乏互动交流的平台，二者的交流具有单向的特征，对于偶像而言难以维持粉丝黏性，形成稳定的粉丝社群。快手等新媒体平台的出现显著地改变了这种状况，它不仅将双方置于共通的意义空间，促成了双向的交流，还能最大限度地改变原本分散的粉丝分布空间，形成聚集、稳定的粉丝社群。

粉丝对于祁隆的认同主要包括三方面：一是身份认同。正如祁隆本人所言，得益于良好的歌迷基础，他一进军快手就收获了大批粉丝。祁隆的歌曲受众群与快手粉丝群在年龄、职业等特征上表现出高度同一性。祁隆是出身于"草根阶层"的音乐人，成长环境塑造了他难以模磨灭的性格特征。他敢于突破职业光环赋予他的形象滤镜，以普通人自居。无论是录制电视节目还是出现在快手直播间，他很少精心整饰自己的形象，接地气、亲民是粉丝对他最多的评价之一。这种印象管理的方式缩短了他与粉丝的传受距离，增强了粉丝对他的身份认同感。二是情感认同。2017年10月至今，祁隆共在快手平台发布360余条短视频作品，大多数视频内容与其原创音乐有关。祁隆独创了"祁式音乐风格"，致力于做大众百姓喜欢的歌手，他十分清楚大众百姓喜欢什么类型的歌曲，因此他的歌里讲述着普罗大众能够感同身受的百味人生，极易引起受众的情感共鸣。三是价值认同。励志、感恩、善良是粉丝给予他的三大标签。从农村出身的寒门少年到名不见经传的追梦人，再到坐拥近千万粉丝的大网红，祁隆励志的成长史触动着无数喜爱他的人。无论是在音乐作品里、快手平台上，还是现实生活中，他依然不忘传递真善美的价值理念，以自己的方式回报家乡、歌迷和社会。

快手让很多人在一夜之间变成百万网红，也让很多人在名声大噪中失去了自我，但祁隆的成功不是一蹴而就的，成功后的他也不是浮躁的。他认为疫情过后直播的浪潮会慢慢消退，他不会忘记自己的本职工作——音乐人。做一个大众百姓喜欢的歌手是祁隆给自己的定位，如今他在尝试创作更多类型的音乐作品去拓宽歌迷的覆盖面。事实上，这也是他在快手运营中需要突破的。我们期待在他的快手中看到更有趣的视频，遇见更有为的他。

◆ 第四单元
职业音乐人的"跨屏传播"

陈逗逗

◆◆◆◆◆

快手账号：绝世的陈逗逗
标签：音乐领域创作者、
　　　快手音乐人、KSGIRLS 成员
粉丝量：2874.2 万
采访记者：马潇洋

记者手记

陈逗逗，一个 2000 年出生的会唱歌的邻家美少女，起初对她的印象停留在会弹吉他、唱歌好听、会挑眉、双马尾、笑容甜美的温柔小女生形象，但在接触过后，逗逗的理性，这个年纪少有的主见给我留下了更深的印象。这个来自安徽小城的女孩，在快手平台经营着账号"绝世的陈逗逗"，拥有着近 3000 万粉丝，现在除了在平台上录视频和直播外，她的生活也变得更加充实忙碌起来，常常辗转于不同城市参加各种活动。她说自己很普通，谦虚地说可能是因为运气好，在快手平台碰到了这样的好机会，才有了现在的成就。

快手平台从来不缺拥有漂亮脸蛋、唱歌好听的鲜肉靓女，这个为追寻音乐梦想来到快手平台的 00 后女孩陈逗逗到底赢在哪里，是这次采访中我最想解答的疑问。

快手
主播之道

记者：最早接触短视频是在什么时候呢，后来自己做视频内容是有什么缘由吗？

陈逗逗：第一次接触短视频时我应该只有13岁，应该是在上初中吧，我最开始玩快手的时候就是发发自拍什么的，就像更新朋友圈，那时没多少人关注我。到后来快手就推出那个七秒钟短视频嘛，我图新鲜就发了一个几秒钟的唱歌的短视频，结果就上热门推荐了，很多人都陆陆续续给我点赞点关注，这个号才慢慢火起来，其实也是机会赶的比较好。说到那个我弹吉他唱了一小段的视频的爆火，我自己也没想到，因为无论是弹吉他还是唱歌，我都不能说特别专业，我算是我父亲带进门，然后自己琢磨着学习音乐的，因为我父亲也非常喜欢音乐也比较擅会弹吉他，我从小是耳濡目染吧，跟着爸爸，也会学一学，唱一唱，再到后来我真的喜欢上了音乐这件事情，我就告诉妈妈说我想学吉他，然后我妈妈给我买了吉他，但是我大多数时间都是跟着网上的教程去自学的。在视频逐渐得到更多人关注之后，我就决定一直做下去。形式就还是延续这种弹唱风格。还有一次我在一条视频中无意中挑了一下眉毛，大家都说很喜欢，后来这个挑眉就成了我的一个标志一个特色吧。也有很多人因为"快手第一眉毛杀"这个称号认识我。

还有就是有一条视频，到现在我都觉得记忆深刻，很多人都是因为这条视频开始关注我。那是我在下雪天在室外弹吉他录的一条视频，我是南方人嘛，看到雪我就很激动，我记得当时我在雪地里弹吉他手都已经冻的没有知觉了，但是就是很开心，那天那种开心的感觉我现在都记忆深刻，就是能在那样的一个场景做着自己最喜欢、最开心的事情，然后那条视频也是我的转折点，是点击量最大的一条视频，因为那条视频认识我的人变得更多了，现在那条视频底下最多点赞量的一条留言都是说大家是从这条视频认识我的。

我和音乐真正结缘也是在快手平台。2020年7月5日吧，我加入了快手平台策划的女子组合 KSGIRLS，还发行了自己的单曲《多彩视界》，也收获了不错的反响。快手平台给了我们很多宣发和推广，我们还登上了微博封面。这让我们也得到了更多人的关注，也算是真正实现了我的音乐梦想。

记者：现在逐渐熟悉平台后，有什么做视频的心得可以分享吗？

陈逗逗：我做视频和直播从开始到现在其实都是比较随心的，没有什么特定的主题，基本也不会提前去做什么策划，就是给大家唱唱歌、弹弹琴、然后聊聊天，都是些最简单的内容，我就是希望带给粉丝一种简单快乐和陪伴感吧，然后做视频和直播的心得我就主要说两点吧。

首先，我录一条视频的效率更高了，从最初录制、剪辑生疏到现在的熟练，我用的时间缩短了。然后基本模式我也在一直探索创新，像现在其实我除了唱歌的视频，我也在尝试更多的一些类型，因为可能大家看得比较多了之后，也会想看更多不一样的我，像我现在在做的就有一些段子呀、梗啊或者生活视频啊什么的，都会发出来些给大家看，让大家更全面的了解陈逗逗，让大家了解我生活中的更多面。

其次，我的定位和视频特色比较明确了，我之前一直觉得我自己能火起来其实很多是靠幸运，因为我觉得比我优秀、比我唱歌好听的人很多，但是大家偏偏在这么多人中看到了我，选择关注我，我觉得我还是有着自己的优势的。可能就是因为我笑着唱歌带给大家的亲切感，让大家比较舒服，然后我自己的亲和力比较强，大家都会喜欢看阳光向上的东西嘛。我也一直觉得爱笑的女生运气不会差。我很长感谢大家喜欢这个爱笑、阳光的我，让我有这份幸运。现在我每条视频的点赞量都是在30万左右，点击量都在几千万，我觉得目前这个数据还是比较好的，也说明大家是接受这样一个我的，我做视频也更有动力了、更有自信了。所以我觉得找好自己身上的闪光点和做好自己的定位，让自己变得更加有竞争力还是比较重要的。

记者：刚刚您也有提到您的粉丝，您对他们了解吗？怎么维系自己和粉丝的关系呢？

陈逗逗：说实话，我刚开始玩快手的时候，没有特别在意粉丝量这个东西，也没有要增加自己粉丝数据的这种想法，因为就像我刚刚说的，当时我就是像我同龄人一样，在不同的平台上分享一下自己的爱好，单纯是把它当成发生活照一样，拓展一下自己的社交这样子，就是觉得挺好玩儿的。随着后来自己的作品上了热门，开始有1万、2万人关注的时候，我慢慢就觉得自己也是可以的，可以去尝试把自己的爱好往职业方向发展一下。

对于粉丝数据这一块儿，快手是有个数据台的，可以看得到粉丝大概的年纪。我的粉丝大多数都是学生，年纪18岁左右，就刚接近成年的比较多，其实他们和我自己年纪相差也不大，所以大家交谈起来也很容易，因为喜欢的东西、平常关注的东西都是一样的。然后现在我每一条视频底下的评论我也都会看，我会在评论中看看粉丝们对这条视频的看法，看看他们喜欢什么、不喜欢什么，综合一下他们的意见。就比如我早期的视频中弹吉他时候，可能会无意间的挑眉毛，就是我的一个小习惯，我自己可能没有注意到，但是大家在看视频的时候就发现了，都觉得挺好玩、挺有意思的。然后那段时间我看评论区说得比较多的话题都是关于挑眉毛的，也是综合大家的讨论和意见吧，之后我在录唱歌视频的时候也会偶尔给大家添加一些比较好玩的东西在里面，像面部小表情啊、肢体小动作啊之类的。粉丝们的这些意见和建议确实对我很有用，这为我录制视频提供了更多素材，我会把他们提的建议吸收进我的下一条视频中，帮我找到改进和提升的方向。比如他们说喜欢今天视频的类型，我之后就会多做一些，如果说他们不喜欢的话，以后我就可能就不这么做了，就要改进了。再比如说我的粉丝经常也会留言给我，说逗逗可以唱什么什么歌吗？我一般看到大家点的比较多的，我就会去学，然后录给大家，像我现在在直播间里也会问他们想听什么歌，大家在屏幕上打得最多的那一首，我也会唱给大家。

最后说到维系我和粉丝的关系这一块儿，我现在的粉丝数量算是比较稳定的，就是我有自己固定的粉丝基础，然后我的粉丝年纪都比较偏小嘛，我就会选择他们玩得比较多的平台，像组建 QQ 粉丝群这样子，把他们聚在一起，在群里的基本上都是比较铁的粉丝。我这样做其实就是想让大家打破网络平台的虚拟性，让大家都更加真实地去交流，也让大家感受到一个真实的陈逗逗。在群里说话大家也就都像朋友一样，没有那种距离感，就是什么都会聊，我觉得他们就像是我的家人一样。

记者：在快手做短视频有什么让您记忆深刻的事情吗？

陈逗逗：我记得有一回我过生日，当时我是在参加一个活动，我就随手发了条 QQ 的说说，跟大家说我可能会在哪里办一个生日会，也没有很大的宣传，我想着就是和大家说一下这件事就行了，因为时间确实比较仓促，我也没期待真的会有粉丝过来和我过生日,而且那天生日会之前还有一个快手办的音乐节邀请我去参加,那个活动时间拖得也比较久,就是环节啊、流程啊比较多,拖到了后半夜才把前面的环节全部弄完,到后来这个活动结束就已经快晚上十一二点了,等我来到生日会的现场的时候,就看见现场有非常多的粉丝在等我,我真的是又惊喜又感动,他们真的是熬着夜,等着我那边的活动结束,就为了给我送蛋糕、送礼物,跟我说生日快乐,还有一些没能到现场的粉丝,他们还给我录了生日祝福的小视频拖我的粉丝群里的群主送给我。我对这件事真的记得非常深刻,原来有这么多人关心我、想着我,我也真的特别谢谢他们对我的支持和爱,他们是我坚持音乐梦想、坚持在这条路上走下去的最大底气和动力,我在这里还是想和他们说一句谢谢你们。

后来我也在群里和那些没能来到现场的，为我录生日祝福视频的粉丝朋友们一个个去打了招呼，我觉得这样子文字聊天的方式不会让他们觉得有生疏感又能让大家放开自己，因为直接面对面视频的话大家可能还是会有些紧张，会有些不好意思，我就想通过和他们聊天这样的方式，回馈他们，我也想用心地去聆听大家想对我说的一些话，包括他们生活中出现的一些开心或者不开心的事情啊，只要他们想和我说，我都愿意去做一个聆听者和他们真诚地去聊天。

记者：直播中有遇到过什么困难或者不顺心的事情吗？自己当时是怎么面对的？

陈逗逗：直播间的困难一般都是我个人的问题比较多，就比如说有黑粉攻击我，说的话挺难听的，也就是我们常说的网络暴力。早期我看到这样的评论，内心真的是挺难过的，觉得我不是他们说的那样的人，为什么我要被误解，为什么我平白无故就要被骂，而且早期我刚做直播的时候，粉丝也不怎么多，我即便回击了、解释了，基本上也没什么人维护我，当时自己的心态是有些调整不过来的。那后来我也想明白了，就是你怎么做、怎么解释，不喜欢你的人还是不喜欢你，也没有一个人能做到让所有的人都喜欢你，况且现在网络中大家人人都能说上一句，什么样的人都有，如果我要为一个我自己都不认识的人去生气，那也挺不值的，而且作为公众人物，大家都或多或少会遭遇到这些事情，也不是我一个人在面对这些，所以后来我也在慢慢调整自己的心态。

现在基本上在直播或是短视频的留言中，很多黑我的言论我都是看见当作没看见的，不是太过分的，我自己也不会去主动回击。首先是数量太多了，根本管不过来，我也不希望因为这些不必要的烦恼破坏自己的心情；其次就是1万个人有1万张嘴巴，1万个人有1万个想法，我觉得只要做好自己，让自己问心无愧就好了，如果他们说的对，我就去虚心接受，如果他们说的压根就是不对的、是假的，那我更没有必要为这些事情烦恼了；对于实在是影响我直播间环境的，说得太难听的，我就会去回击，基本上就直接把他移出直播间、移出粉丝团了。所以我觉得面对黑粉、面对网络暴力这件事，我自己从中也成长蛮多的，现在自己的心态也更加稳重成熟了。

记者：您觉得自己是一个什么样的人，和大家对您的印象和评价一样吗？

陈逗逗：其实我自己在人前和人后还是多少有些不一样的，不过我觉得大多数人都是这样的，就像是那个词——双重人格。比如说我在直播间的时候，是属于话痨一样的，就是能和大家去聊天，还能主动引起话题，基本上什么话题我都能接上，我也喜欢去听大家说；但是相对于我私下生活呢，我就是很宅、很安静的人，我生活的圈子也比较小，平时如果不是采访或者有活动的话，就我自己一个人的时候，我就是一个话很少、很安静，然后可能还有点内向的人。其实我最早刚做这一行，也有一些商演的机会,那时候我是很紧张的,不敢和人家打招呼,更别提说话了,就是有一点点小小的"社恐",也许这也是我们现在这代人的一个现状吧,但是随着我在平台上直播的多了,在线下参与的活动多了之后,我就慢慢打开了自己,变得敢说话了,也喜欢去表达自己的一些想法。说到我和大家对我的第一印象不一样的这个问题时,我觉得我的答案是基本一致但又不局限于哪一面吧。大家觉得陈逗逗就是那个喜欢梳两个辫子的可爱、温柔、爱笑的女孩,但我其实也有潇洒、坦荡、理性的一面,我希望慢慢地我也能在直播中让大家认识到更完整的陈逗逗,接受这个或许不是很完美的陈逗逗。

记者: 现在很多人给您贴上了"第一眉毛杀"这样一个标签,您怎么看待自己身上的这些标签或者说是人设这个问题?

陈逗逗: 这些标签都是网友他们定的,我自己觉得挺有意思的,就是因为类似"第一眉毛杀"这样的标签反而让更多人认识我了,让大家看到了我的一些特点。可能他们不知道陈逗逗这个名字,但一说"第一眉毛杀",大家就可能都想到我了,我觉得这样也没什么不好,把我的特色放大,然后附上了这样的一个标签,一方面加深了受众对我的印象,另一方面也能把我的名气相应地带起来,所以我自己对网友给我贴的这些标签是不排斥的。那么人设的话,我在大家的眼里,一直都是比较安静的、可爱的、自弹自唱的一个小女生形象。我觉得这个大家赋予我的,或者说我呈现出来得这么一个形象也好、人设也罢，这和我自己本人的性格是差不多的，也没什么冲突，而且我觉得这些形象也都挺正面的，起码在大家的心里，我还是一个不错的女孩子，我还是挺开心的。之前我上了一档综艺叫《送一百个女孩回家》，节目中大家也看到我的家里摆了许多男孩子喜欢的东西，像球鞋、球衣、手办这些，然后也有人问我，问我是不是真的喜欢这，还是为了更贴近粉丝，满足他们的需求？我其实想说我自己在刚开始接触这些东西的时候，确实是从受众的角度出发的，我觉得我得去了解我的受众群、了解我的粉丝们，我肯定需要知道他们喜欢些什么东西，这样我才能更好地贴合我的粉丝，做出来的东西才能让他们爱看、满意。我知道我的粉丝们喜欢篮球，我就开始了解篮球文化之类的东西，像是在快手早期，我有一段时间的作品都是穿着篮球服录的，我觉得大家既然喜欢，而且这个东西也算是主流文化，并且我也做得到，那我就可以让自己多去尝试。在录制的过程中，我也真正发现了这个东西的魅力和吸引力，你像我家里收藏的一些手办啊，虽然说可能这些爱好最初不是从我自身开始的，但是在接触的过程中，我也的的确确喜欢上了这些东西，这些东西也拓展丰富了我的生活。现在我录的视频也会经常贴合一下大众的审美，我也会去关注最近什么歌火了，大家最近喜欢听什么，我都会去学，然后把它加入到我的作品中，在录视频直播的过程中融入一些大家喜欢的东西，这样我不但能不断地充实自我，不断地去积累素材、去扩充自己，还能满足受众的喜好，让大家满意。像我录制的一些热度比较高的视频，基本上也都是最近比较流行、大家比较喜欢的东西，同时我也能为自己增添讨论度、热度，从而也能增添自己的人气。所以我觉得无论是标签还是人设，我都是不排斥的，当然这个标签和人设一定要符合自己，是不虚假的。

记者：做"绝世的陈逗逗"这个账号，您想传递或带给大家些什么，自己有想过这个问题吗？

陈逗逗：有的，因为我的粉丝年纪都比较小嘛，我更多的是希望从我的身上能给大家带去乐观、阳光、向上，比较好的一些正能量的东西。就比如说大家喜欢音乐，我就希望能通过我的音乐，带给大家精神的放松和娱乐，让他们忘记烦恼和不开心，多一些快乐；然后我也希望能让真正有音乐梦想但是现在还少些勇气的人坚定自己内心的梦想，也可以和我一起来追寻音乐、爱上音乐，跟我一起唱唱歌，共同交流，分享生活，为自己的梦想去奋斗。总之，我就是希望大家能在我身上看到一些比较高兴、开心的东西。其实我做短视频内容包括在直播间直播这么久了，也从来没有跟大家说一些负能量的事情、带给大家负面情绪，我就觉得大家最初喜欢我就是觉得我爱笑、乐观，那我也要真正从我自己这一块儿做好典范吧，就是尽量给大家传递那些我认为比较好、比较开心、比较阳光的事情，把我的开心快乐传递给更多的人。

记者：逗逗平时还有些什么爱好吗？怎么看待爱好和职业

这两件事呢?

陈逗逗：我自己形容我这个人就是挺无聊、挺无趣的一个人，我现在好像也没有什么特别的爱好，不像别的女孩可能喜欢逛逛街、旅旅行，我就是喜欢唱唱歌。说到这，我好像想起来，我小的时候有一段时间喜欢过汉服，小女生都喜欢漂亮的东西嘛，我就觉得穿上汉服好美，穿着汉服的女生好美，像是从画里走出来的，那时候自己想过长大后也要开一家汉服店。这是小时候喜欢的东西，但是慢慢长大之后，就觉得好多东西都被现实打败了，可能我这句话比较俗，就是很多时候没有物质做保障，谈爱好都是奢侈的，现在虽然我对新事物的接受能力比较强，我也会去尝试一些不同的东西，但是像我刚刚说的，让我主动喜欢什么东西并且还能把它称作自己的爱好，可能就比较难。当然我还挺喜欢出去骑自行车的，不知道这算不算爱好，我有时没事的时候，就一个人骑自行车出去逛一圈，然后再骑回家。我喜欢那种有风、自由自在的感觉，骑车的时候再戴着耳机，听着自己喜欢的音乐，我觉得在这样的小世界里很幸福，然后有时候路上也会遇到一些认识我的人，他们看见我跟我打招呼，我都会主动回应，觉得生活在这样自在的一个环境中我还挺开心的。

如何看待爱好和职业嘛，我觉得这不是两件事情，因为之前也有人说千万别把爱好当职业，否则你会变得排斥这件事的，但是对我来说，我是觉得我挺享受这个过程的。首先我是真的喜欢唱歌，我现在能有这样的平台，能收获这么多喜欢我的人，然后还能发自己的单曲，我觉得我是非常幸运的；其次我觉得只有你真正喜欢一件事，你在做这件事情的时候才不会感到累、感到疲惫。所以我觉得，现在我把唱歌当作是我的职业，我也会坚定自己的初心，为自己的爱好、为自己的梦想去努力，所以我也不会觉得累。总而言之，我觉得职业是基于爱好的，你喜欢这件事情才能为这件事情付出精力，才能真正做好这件事。

记者：您觉得在快手平台做主播，红了之后自己的生活有什么改变吗？

陈逗逗：我觉得既有改变又没有改变吧，首先就是我自己的生活圈子变大了。其实玩快手之前我的圈子是比较小的，我的圈子基本就只有手机，还有就是自己的一个小房间，我唯一能接触外界的就是直播，还有外卖、快递，以及我妈妈，再就没有了，那时候我也不喜欢出去逛街、旅游，不太喜欢去面对外界，不太擅长去拓宽自己的朋友圈。后来在平台上火了之后，我自己相应的社交机会就会比以前多，比如说现在我会去各个城市参加一些线下活动，然后也会在活动中遇到不同的人，包括一些明星、网络上的大V，等等，就是遇到了很多不一样的人，在和大家的交谈中我也尝试着去慢慢打开自己，就感觉圈子慢慢变大了，自己接触到的世界也比原来大了，不仅仅限于我这个小圈子了。我现在也很喜欢参与这样的活动，一方面这样的活动让我能获得更多展示自己的机会，让我能去做自己喜欢的事情，让我能站在舞台上唱歌，这让我觉得是非常享受、

非常开心的；另一方面我也在活动中见识了更多有用、有价值的东西，我能从这一场场活动中学到很多新东西，认识到很多优秀的前辈，打开自己的视野，这对我来说真的是一件非常开心的事情。

没有变就是自己的生活习惯、生活轨迹吧，我现在还是和之前一样的去生活，比如说我之前会带着我的吉他在我生活的地方做街头卖唱，现在我还会依然坚持去做这件事情，没有说因为我火了我就有包袱了，我就不能继续我本来的生活了，我就不能做最本真的我了。其实在这个过程中，我也发现我周围的人对我也还像原来一样，虽然大家现在可能知道我了，可能知道我是快手主播陈逗逗了，偶尔我在做路演的时候，有人会来找我签个名啥的，除此之外，大家还是像以前一样会静静地听我唱歌，不会打扰我的生活。所以就像花花世界、静守本心一样，我觉得对于我来说，坚持自己的追求，做自己喜欢的事情，以自己喜欢的方式去生活，这是永远都不会变的。

记者：现在您也是快手的头部主播，怎么看待自己的影响力，在这其中收获了些什么？

陈逗逗：前一阵子快手科技在香港联交所主板挂牌上市，北京总部也举行了小规模的线下仪式，当时我是作为受邀敲锣的 6 位快手用户之一，通过这件事情，我才真正感受到了自己原来受到了这样大的关注。确实我觉得我做"绝世的陈逗逗"这个号到现在算是小有些成就，知道我的人越来越多，然后自己有了一些影响力，所以我现在就希望给大家做好典范，带给大家一些有价值的东西吧。因为我是在网络平台走红的，我和大家交流的主要渠道也是网络，能最大限度发挥自己影响力的地方其实就是短视频和直播，所以我就希望尽量是能在短视频跟直播上呈现更多阳光、正能量的东西。而且我的粉丝受众都比较小嘛，他们现在可能还没有自己完整的一个价值观和判断力，但凡我做了一些不太好的事情，他们可能都会跟着模仿，所以我就要更加注意自己的言行举止，给大家做好榜样，然后也希望自己能慢慢地再多学一些新的东西、一些新的才艺，向大家展现一个热爱生活全面的陈逗逗。

现在大家也都觉得这是一个流量为王、流量至上的一个时代，为了流量迷失自我的人也不少，我还是那句话，守住自己内心的坚守是很重要的。或许很多人都有一个想当网红的想法，而且在这个网络化的时代，让自己出圈、将自己打造成网红获取流量是不难的，我也在我的直播间说过这个其实是挺好的事情，我也很鼓励大家去发挥自己的优点、发挥自己的特长，去做内容、去发布短视频，让更多人认识自己，这个出发点是好的。但是我也在网络上、在短视频中看到了一些人，他们就是为了红，为了博眼球，为了获取流量，做的事情是比较毁三观的，那种形式是我不能理解的。我还是觉得大家不要完全被流量给束缚住，不要为换取流量去做一些不正能量，同时看起来让大家很不能理解、和你的主题与内容很不相关的事情，我还是希望大家都可以比较积极地做一些充满正能量的事，也就是坚守自己的内心吧。

再说我在快手平台做短视频和直播的收获。首先是我一步步离我的音乐梦想更近了，起初我只是像所有爱唱歌的女孩儿一样，就是自己瞎唱瞎玩，快手平台帮助我实现了自己的音乐梦想。在 2020 年 7 月 5 日，快手平台还帮我们策划了一个女子演唱组合 KSGIRLS，我也是这个组合中的一员，大家都是一群喜欢音乐的人，我们在一起发行了自己的单曲《多彩视界》，并且大众对我们的评价也还不错。对了，在组合的练习中，我还第一次尝试了自己从没尝试过的舞蹈，在不断地练习中我突破了自己，也学习到了一些新的东西，让自己不断地得到锻炼。现在我除了能在网络上给大家做直播、唱歌之外，我还真正走向了线下，开始参加不同的活动，我觉得我能上舞台给大家唱歌的机会越来越多了，这是我最高兴的。与此同时，平台也会帮助我做一些宣发和推广，给了我很多机会，让大众认识我、喜欢我，让我的音乐梦想一步步实现。其次，如果更实际、更现实一点说的话，我还有了自己的收入，就是我能通过自己的努力让我和我家里的生活环境变得越来越好，我现在已经买了属于自己的一套房子，有了自己的小窝，能帮家里减轻一些压力，我可能比不上平台中更大一些主播们的收入，但是我觉得现在我能通过自己的努力得到现在的生活，我是比较满意的，起码比之前好太多了。或许我也算是00后奋斗青年中的佼佼者嘛，开个玩笑，我觉得努力的人才会是幸运的。

记者：接下来对于自己的直播会有什么小目标吗？或者说接下来有什么打算？

陈逗逗：我身边人都说我是他们见过的很佛系的一个人，比如说像其他做得大一点的主播，他们都会给自己制订非常完整的计划和要达到的目标，比如我这个月要赚到几位数，这个月我要直播几场，然后每一场我的粉丝量得达到多少。相比而言，我现在真的是太佛系了，在生活中我其实是一个没有那么大抱负的人，有些安于现状。其实在以前刚开始做这个时，我也给自己定过目标，但是我发现按照格式化的计划去做可能效率会比较高，但是我自己会比较不舒服，就是每天要按计划来，达不到目标我就很焦虑，然后就要想各种办法怎样才能提高自己的观看量，怎样才能上热门，就是每天考虑的都是这些东西，我觉得这和我之前来平台做直播，想给大家分享我的音乐的初衷渐行渐远了，就是自己的目的不像以前那么纯粹了，所以后来我和我妈妈商量嘛，我妈妈也是希望我能做自己喜欢的事情。经过我妈妈跟我沟通了一番之后，我反而释然了，我妈妈一直希望我可以开开心心的，其他都无所谓，我自己也是这种想法，就是开心、快乐、平安、健康最重要。现在我对于数据流量这一块儿就不对自己那么严苛了，也就不会让自己压力太大了。所以大家现在看到的我依旧是自己一个人，没有团队，然后我的视频或者直播都是没有什么策划的，一直都是按照我自己喜欢的风格来完成的。

对了，这两年直播带货很火，也有非常多的商家和品牌来找到我，希望我能和他们合作，但是我考虑到我的粉丝年纪比较小，也没有什么经济收入，就是大家都还在花父母的钱，我也不希望他们去乱花钱，所以我考虑到这一方面感觉要真去做的话也并没有那么好带货，所以目前对于带货这一块儿我还是暂时持一个观望的态度，我还是想等到能积累更多层次粉丝的时候，再或者说是真正有一些商品我是觉得在我这过关的，我想去推荐给粉丝的时候，我再去尝试、再去做这件事情。我觉得做直播带货，首先还是得对我的粉丝们负责，我只有有这个把握的时候，才能去做这件事情。

对于目标的话，我可能也没有想的太长远，我近期就是有一个小目标、小心愿吧，因为我自己的粉丝数量马上就要破3000万了，我希望这一天来的时候，能带给大家一些新的东西，给我的老粉丝们一些小福利。我也一直挺喜欢架子鼓的，我也希望能赶快学会，就是能多去尝试一点自己喜欢的东西，让自己变得更加多才多艺，技多不压身嘛，这是我近期的一个小心愿和小目标。然后之前也有很多人问我，就是如果不做快手主播的话想做什么，我给出的答案是想在一个风景比较好的地方开个民宿这样子，我现在想想，都觉得很安逸、很舒服，就是吹着海风、听着鸟叫、看看日出日落什么的，然后每天也能接触来自不同城市、拥有着不一样人生经历的人们，我可以和他们一起唱唱歌聊聊天什么的，每天这样子我都觉得很开心。

记者：和您聊天儿过程中，其实我听到很多次您提起自己的妈妈，您觉得妈妈是怎么看您做直播这件事的，妈妈有给您什么建议吗？

陈逗逗：我妈妈其实每天都会看我的直播，她有时候也会比较担心我，因为网络比较虚拟，她怕我慢慢地和那些网络中不太真实的人玩儿到一块儿，她觉得网络还是不太安全，然后

我年纪也比较小，大家年龄比我大，阅历比我多，所以她担心我自己没什么心眼，怕我一不小心被谁给骗了，所以也是一直有这种担心吧，她现在也是基本每天都会看我的直播。

我妈妈偶尔也会给我提一些小建议，像直播内容啊、拍视频素材啊之类的，都是很中肯的东西，我也说我要全面发展嘛，这一直是妈妈的给我的一个忠告，她就特别清楚地和我讲，如果我一直就按现在的方式直播，不创新的话，就没办法留住粉丝，会被这个更迭很快的时代遗忘。不过我妈妈的想法很多，哈哈，变化也大，这和我求稳的个性就挺大差别的，夸张地说，就比如我妈妈三天前还让我做音乐，三天后就说觉得我适合去带货，再过几天又觉得我可以去拍拍微电影什么的，然后再过几天又产生了别的想法。我妈妈绝对是一个比我想法多的人，其实她还是因为关心我啦，这些我都是明白的，她就是觉得我应该去全面发展。当然她也说她只是提提建议，采不采取还是看我个人，我妈妈是比较尊重我的想法、尊重我的意见的。我觉得在做直播上我有妈妈的陪伴，又多了一层底气，就是无论我碰到什么困难，我都可以找她商量、找她倾诉，就是那句话，无论何时家都是最温暖的港湾。

记者：您是00后在快手平台非常喜欢的一个主播，针对自己的受众群，有什么话想对他们说吗？

陈逗逗：我希望我的00后粉丝或者说每个00后吧，首先是可以好好学习，在该学习的时候就沉下心来，专注一些，在该放松的时候就去放松,劳逸结合,然后照顾好身体,少熬夜,毕竟身体是革命的本钱嘛。

我也知道也有许多的 00 后有成为网红,有在平台做内容的梦想,如果大家真有这个想法的话,我想给你们一个小建议。我希望每个想往平台上走、想成为网红流量的 00 后们,可以发挥自己的所长,发挥自己的特点,找准自己的定位,哪怕就是在平台上发一些记录生活的照片的这种形式,都要坚持做下去,千万不要说感觉做了几天没有起色就放弃了,没有什么事情能那么简单就成功的,只要不断地去探索、去创新、去坚持,总有一天会有喜欢你的人、支持你的人出现,但是切记不要走歪门邪道、不要唯利是图。还有就是大家发出来的东西一定是要有价值的,能给受众带去一种积极的态度,发一些快乐、正能量的东西,尤其是大家的三观要正,因为我觉得那些花里胡哨流于形式的东西,或许在某个时间段大家会因为新鲜关注到你,但是时间长了,热闹看完了,大家也就都走了,就是把你当猴子看了一眼,这种其实不长久的。如果大家是抱着想成为网红的心态去做一件事情,就是要认真,不要害怕失败,不要违背自己的底线。

后记

　　陈逗逗赢在哪里？这个问题或许到现在应该可以写出答案了。也许是内心的坚守，在网络虚拟世界的静守其心，在流量至上中的安守底线；也许是对梦想的一腔赤诚，在唱歌路上的不断学习，在内容制作上的不断创新。无论如何我们都希望这个女孩能够继续做自己最喜欢的事情，永远在寻梦的路途中闪闪发亮。

　　采访尾声时，我问逗逗一会儿的时间打算怎么安排，逗逗说她要接着打扫卫生了。采访前她就是在家里打扫卫生，要不是正好看了一眼手机，她差点没收到我的采访消息。生活中逗逗对手机并不依赖，这再次刷新了我对这个女孩的认识，刷新了我对00后手机不离手的印象，这个网络世界的小姑娘真的带给我不少思考。像逗逗在采访全程提到次数最多的要做更全面的自己一样，网络中的她的确是真实的她，但绝不是完整的她，让我们给她也给自己更多时间，慢慢去了解这个爱笑的女孩。

结语
EPILOGUE

如何定义"快手主播之道"？这是我们在编写全书过程中持续思考的一个问题。短视频的发展让许多人养成了记录生活的习惯，越来越多的普通人通过手机屏幕展示自我。本书选取的几名快手达人有职业媒体人、音乐人，但大多是来自农村的草根网红。我们试图通过他们拍摄视频和参与直播的经历来挖掘运营快手账号、打造个人网络形象的"秘籍"。通过5名记者深入的访谈，我们了解了10位来自不同领域主播的成长历程，在此要感谢快手官方给予的支持。

所谓的"道"并非几个小时的访谈所能说尽的，每个人的成长经验也未见得具有普适性。但通过他们的讲述，我们不难发现短视频时代内容的核心始终是"人"。个体在丰富多样的互联网环境中如何生存，如何塑造鲜明的符号、增强受众的记忆点，也逐渐成为每位主播参与运营的关键。未来我们的对话将持续下去，对话的快手主播也将涵盖更为广阔的领域，他们的运营之"道"也将继续成为我们探索互联网时代短视频博主生存技巧的不竭动力。

附录
记者介绍

马锐

浙江传媒学院中国播音主持史研究基地助理研究员，浙江传媒学院 2019 级新闻与传播专业播音与主持业务方向研究生。曾获湖南省高校优秀广播电视节目"一等奖"，参与过多项媒体一线采访与主持工作。撰写论文《访谈节目的创新实践——以〈仅三天可见〉为例》于 2020 年发表在《新闻文化建设》第 6 期。

熊根辉

浙江传媒学院中国播音主持史研究基地助理研究员，浙江传媒学院 2019 级新闻与传播专业播音与主持业务方向研究生。本科汉语言文学专业，本科期间主要参加红色文化宣讲活动，研究生期间在媒体一线担任记者岗位。

马潇洋

浙江传媒学院中国播音主持史研究基地助理研究员，浙江传媒学院 2019 级新闻与传播专业播音与主持业务方向研究生。曾于上海人民广播电台、山西卫视、河南省中原网实习，担任播音员、记者岗位。获河南省校园主持人大赛二等奖、河南省读书节朗诵大赛二等奖、多次参与媒体采访与主持工作。论文《〈从我要这样生活〉看观察类综艺节目创新途径》已被《中国广播电视学刊》收录。

杨广夏

浙江传媒学院中国播音主持史研究基地助理研究员，浙江传媒学院 2019 级新闻与传播专业播音与主持业务方向研究生。曾于浙江卫视、杭州文广集团实习，担任记者岗位。撰写论文《浅析人工智能在播音主持行业的局限性》于 2020 年发表在《声屏世界》第 8 期，《论融媒体背景下传统新闻记者如何实现能力与素养的跨越》被收录至《声屏世界》2021 年 1 月刊。

李晓建

浙江传媒学院中国播音主持史研究基地助理研究员，浙江传媒学院2020级新闻与传播专业口语传播方向硕士研究生。曾获河南省高校新闻奖一等奖、中国高校校报年度好新闻奖三等奖等奖项。2020年作为全国网络正能量青年代表，入选共青团中央宣传部"团团夏令营"。论文《度量"犀利"：基于约哈里之窗模型的访谈节目主持人话语风格研究》已被《新闻传播》期刊收录。

图书在版编目（CIP）数据

快手主播之道 / 高国庆主编. — 北京：中国广播影视出版社，2021.8
ISBN 978-7-5043-8679-3

Ⅰ. ①快… Ⅱ. ①高… Ⅲ. ①网络营销－基本知识 Ⅳ. ①F713.365.2

中国版本图书馆CIP数据核字(2021)第137126号

快手主播之道

高国庆　主编

责任编辑	宋蕾佳
责任校对	龚　晨
装帧设计	智达设计

出版发行	中国广播影视出版社
电　　话	010-86093580　010-86093583
社　　址	北京市西城区真武庙二条9号
邮　　编	100045
网　　址	www.crtp.com.cn
微　　博	http://weibo.com/crtp
电子信箱	crtp8@sina.com

经　　销	全国各地新华书店
印　　刷	河北鑫兆源印刷有限公司

开　　本	880毫米×1230毫米　1/32
字　　数	171（千）字
印　　张	9.125
版　　次	2021年8月第1版　2021年8月第1次印刷

书　　号	ISBN 978-7-5043-8679-3
定　　价	58.00元

（版权所有　翻印必究·印装有误　负责调换）